© Kolja Bauchrowitz

Liebe Leserinnen und Leser,

eine Musikschule zu betreiben bzw. an einer Musikschule tätig zu sein oder auch privat ein Instrument oder Gesang zu unterrichten, war schon immer eine besondere Herausforderung. In den vergangenen Jahren jedoch sind die Anforderungen in ihrer Komplexität deutlich gestiegen. Das gilt auch für rechtliche Themen: Datenschutzgrundverordnung, Verbraucherschutz im Zusammenhang mit Unterrichtsverträgen und jüngst der schwer greifbare Bereich der Scheinselbstständigkeit im Zusammenhang mit Lehrkräften – das sind nur einige Stichworte, die im Alltag des Musiklehrbetriebs viele rechtliche Fragen aufwerfen. Mittlerweile haben einige Musikhochschulen Angebote zu musikrechtlichen Fragen für ihre Studierenden eingeführt und auch andere Bildungsträger bieten Seminare an. Ein großer Teil der Lehrkräfte ist mit rechtlichen Themen jedoch nicht vertraut.

Dieses **üben & musizieren spezial** soll einerseits Leitungen in Musikschulen eine Orientierungshilfe im Paragrafendschungel bieten; ebenso sollen die behandelten Themen aber auch angestellte oder freiberuflich tätige Lehr- und Honorarkräfte ansprechen. Allerdings kann ein dünnes Heft nicht annähernd alle Rechtsprobleme erschöpfend darstellen und für alle Rechtsfragen im Zusammenhang mit Musikunterricht Lösungen bereithalten. Ziel dieser Ausgabe ist vielmehr, einen ersten Zugang zu häufig auftretenden rechtlichen Themen des Musikschulalltags zu bieten bzw. für diese zu sensibilisieren. Ich habe eine Auswahl an Themen getroffen, die mir in meiner Beratungstätigkeit als Rechtsanwalt häufig begegnen oder für die sich Teilnehmende in meinen Workshops und Seminaren besonders interessieren.

Bewusst sein sollte Ihnen, liebe Leserin, lieber Leser, dass jeder Rechtsfall anders ist und Gesetzgebung und Rechtsprechung ständig in Bewegung sind (Rechtsstand dieser Ausgabe ist Februar 2025). Im Zweifel sollten Sie sich daher immer fachkundig beraten lassen, wenn eine konkrete Rechtsfrage besteht, damit Sie eine zuverlässige und verbindliche Antwort erhalten.

Ich wünsche Ihnen eine interessante Lektüre mit vielen Aha-Momenten!

Ihr Frank Bauchrowitz

Prof. Frank Bauchrowitz

berät als Rechtsanwalt seit 2005 Musizierende aller Musikrichtungen und Professionalisierungsgrade sowie Menschen in den angrenzenden Berufszweigen. Zudem gibt er zu Themen des Musikrechts und der Karriereplanung für Musizierende regelmäßig Seminare und Workshops an der Musikhochschule Münster und anderen Musikhochschulen sowie an der Bundesakademie für musikalische Jugendbildung Trossingen. Für **üben & musizieren** schreibt Frank Bauchrowitz seit 2016 regelmäßig Beiträge zu rechtlichen Themen.

www.musikerkanzlei.de

© fizkes_www.stock.adobe.com

© lassedesignen_www.stock.adobe.com

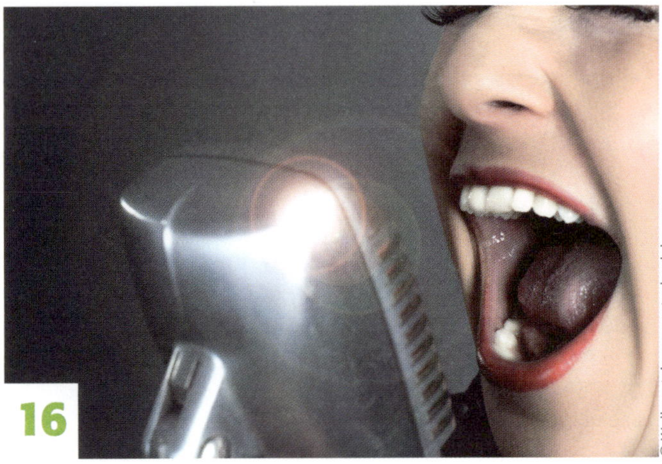

© Wolkenstein_www.stock.adobe.com

© Daniel Ernst_www.stock.adobe.com

Frank Bauchrowitz
Recht so?
Juristische Tipps für Ihren Unterricht

üben & musizieren spezial
Bestell-Nr. UM 5034
ISBN 978-3-7957-3293-6

Redaktion und Layout: Rüdiger Behschnitt
Coverfoto: © Rising Monk_www.stock.adobe.com

Druck: Medienhaus Plump GmbH
Rolandsecker Weg 33, 53619 Rheinbreitbach
Printed in Germany

© romanets_v_www.stock.adobe.com

© M. Schuppich_www.stock.adobe.com

© Studio Grand Web_www.stock.adobe.com

Auf offener Bühne

Sicher unterwegs im Bereich von Urheber- und Social-Media-Recht

Urheberrechtliche Fragen spielen im Instrumental- und Vokalunterricht eine wichtige Rolle. Wiederkehrende Themen sind: Kopieren von Noten, Erstellen und Verwenden von Bearbeitungen fremder Werke und die Nutzung von Musik im Internet. Insgesamt sind die urheberrechtlichen Regelungen komplex und oft von Einzelfällen abhängig. In diesem Heft kann daher nur zusammenfassend dargestellt werden, was erlaubt ist und was nicht.

Grundsätzlich sind zunächst zwei Bereiche zu unterscheiden: die Urheberrechte an einem Werk und die Leistungsschutzrechte, die hinsichtlich der Wahrnehmbarmachung eines Werks erlangt werden können.

- Urheberrechte genießen im Musikbereich neben den musikkompositorischen Werkanteilen auch Liedtexte, Werkbearbeitungen sowie Textübersetzungen.

- Leistungsschutzrechte beziehen sich hingegen insbesondere auf
  - die Darbietung von Musik (§§ 73ff. UrhG),
  - die Veranstaltung von Musikaufführungen (§ 81 UrhG),
  - die Aufnahme von Musik, z. B. bei der Herstellung von Tonträgern (§§ 85f. UrhG),
  - die Sendung von Livemusik-Darbietungen, z. B. im TV oder Radio (§ 87 UrhG) und
  - die Herstellung von Filmen (§§ 88UrhG).

Urheber dürfen bis auf wenige Ausnahmen selbst bestimmen, auf welche Weise und in welchem Umfang sie ihre Werke auswerten (§§ 12 ff. UrhG). Gleiches gilt für Leistungsschutzberechtigte hinsichtlich der Auswertung ihrer Darbietungen (§§ 77 ff. UrhG). Unterschieden wird dabei in

- Persönlichkeitsrechte (§§ 12 ff. UrhG bzw. 74 ff. UrhG) und
- Verwertungsrechte (§§ 15 UrhG bzw. §§ 77 ff. UrhG).

Letztere werden weiter eingeteilt in
– körperliche Auswertung, z. B. Herstellung und Verbreitung von Noten (§§ 16 ff. UrhG) oder Herstellung von physischen Tonträgern (§ 74 UrhG) und
– unkörperliche Auswertung, z. B. Liveaufführung, Sendung im Radio und Fernsehen, Internetstreaming, Downloads etc. (§§ 19 ff. UrhG bzw. 77 f. UrhG).

In Fällen umfangreicher und kommerzieller Auswertung werden Verträge zwischen den Urhebern bzw. Leistungsschutzberechtigten und den Auswertenden abgeschlossen (§§ 31 ff. UrhG), die auch die Vergütung regeln. Es sind aber auch gesetzliche Vergütungsregeln vorhanden (§§ 32 ff. UrhG).

Um eine Lizenz für die öffentliche Aufführung oder die Herstellung und Verbreitung einer Aufnahme eines Werks zu erhalten, muss eine Lizenz bei der GEMA eingeholt werden. Sofern die Rechte für das Werk nicht von der GEMA wahrgenommen werden, ist eventuell eine Lizenz direkt beim Verlag erhältlich. Für die Verwertung einer Aufnahme sind die Leistungsschutzrechte der beteiligten MusikerInnen bzw. des Tonträgerherstellers direkt bei diesen einzuholen. Soll eine Bearbeitung eines Werks hergestellt und wirtschaftlich ausgewertet werden, sind die Lizenzen direkt bei den Werkbeteiligten oder deren Verlag einzuholen.

Einwurf

Lizenzen

Grundsätzlich ist für jede Nutzung eines geschützten Musikwerks oder einer Aufnahme (beides auch in Teilen) eine Lizenz erforderlich. Diese sind entweder bei einer Verwertungsgesellschaft erhältlich oder direkt beim Verlag oder Label einzuholen. In manchen Fällen ist eine Nutzung auch aufgrund einer gesetzlichen Ausnahme möglich.

AB WANN DÜRFEN WERKE FREI GENUTZT WERDEN?

Gemeinfreiheit:
Nach Ablauf der gesetzlichen Schutzfristen entfallen alle zuvor genannten Rechte nach einer bestimmten Zeit. Das Werk oder die Aufnahme kann dann ohne eine Lizenz genutzt werden.

Ablauf der Schutzfristen für Urheberrechte

Das Urheberrecht an einem Werk erlischt 70 Jahre nach dem Tod des Urhebers (§ 64 UrhG). Die Frist beginnt mit dem Ablauf des Jahres, in dem der Urheber verstorben ist (§ 69 UrhG). Sie endet also immer an einem 31.12. um 24 Uhr.

© fizkes_www.stock.adobe.com

Für den urheberrechtlichen Schutz spielt es keine Rolle, ob das Werk jemals veröffentlicht wurde. Sofern mehrere Miturheber das Werk gemeinsam erschaffen haben, erlischt das Urheberrecht 70 Jahre nach dem Tod des zuletzt versterbenden Miturhebers (§ 65 Abs. 1 UrhG). Nicht vergessen werden sollte, dass auch der Texter oder die Texterin und gegebenenfalls ein Bearbeiter oder eine Bearbeiterin eigene Urheberrechte erworben haben und sich die obengenannte Schutzfrist hierdurch verlängern kann. Mit dem Tod des Urhebers geht das Urheberrecht auf die Erben oder Vermächtnisnehmer über, die in die Rechtsposition des Urhebers eintreten (§ 30 UrhG).

Ablauf der Schutzfristen für Leistungsschutzrechte

Leistungsschutzrechte erlöschen 50 Jahre nach dem Erscheinen eines Tonträgers oder, wenn dessen erste erlaubte Benutzung zur öffentlichen Wiedergabe früher erfolgt ist, 50 Jahre nach dieser Wiedergabe (§ 137m UrhG). Für Aufnahmen, deren Leistungsschutzrechte am 1. November 2013 noch nicht abgelaufen waren, erhöht sich die Schutzdauer auf 70 Jahre (§ 82 Abs. 1 Satz 2 UrhG).

Beispiel 1
Eine Aufnahme mit gemeinfreien Werken (bezogen auf das Urheberrecht) ist am 30.06.1960 erschienen. Die Schutzfrist der Leistungsschutzrechte (50 Jahre) ist somit am 31.12.2010 um 24 Uhr abgelaufen.

Beispiel 2
Eine Aufnahme mit gemeinfreien Werken (bezogen auf das Urheberrecht) ist am 30.06.1963 erschienen. Die Schutzfrist der Leistungsschutzrechte von 50 Jahren ist also am 01.11.2013 noch nicht abgelaufen. Sie verlängert sich auf 70 Jahre und läuft am 31.12.2033 um 24 Uhr ab.

Die Künstlerpersönlichkeitsrechte erlöschen mit dem Tod des ausübenden Künstlers, jedoch erst 50 Jahre nach der Darbietung, wenn der ausübende Künstler vor Ablauf dieser Frist verstorben ist – und nicht vor Ablauf der Fristen für die Künstlerverwertungsrechte (§ 76 UrhG).
Wurde eine Notenausgabe einer wissenschaftlichen Revision unterzogen, wirken entsprechende Schutzrechte für 25 Jahre nach der Herausgabe (§ 70 Abs. 3 UrhG).

Beispiel
2010 erschien eine wissenschaftlich revidierte Ausgabe von Bachs „Wohltemperiertem Klavier". Die Komposition selbst ist gemeinfrei. Der Schutz für diese konkrete Notenausgabe entfällt jedoch erst am 31.12.2035 um 24 Uhr. Bis dahin ist für die Nutzung dieser Notenausgabe eine Lizenz erforderlich.[1]

NOTEN KOPIEREN

Das Vervielfältigen von Noten ist grundsätzlich verboten (§ 53 Abs. 4 lit. a) UrhG). § 53 sieht jedoch verschiedene Ausnahmen vor.

Noten abschreiben

Erlaubt ist es, Noten durch Abschreiben zu vervielfältigen. Unter Abschreiben ist nicht die Verarbeitung mittels eines Notenerkennungsprogramms zu verstehen. Vervielfältigungsstücke dürfen zudem nicht abermals kopiert, verbreitet oder zur öffentlichen Wiedergabe verwendet werden. Denkbar wäre aber beispielsweise die Abschrift einiger Takte als „Blätterhilfe" im Rahmen des Übens oder Probens oder im Anfängerunterricht.

Kopieren vergriffener Werke

Eine weitere Ausnahme vom Grundsatz des Notenkopierverbots besteht, wenn das Werk seit mehr als zwei Jahren vergriffen ist. Das bedeutet, dass Noten des Werks (nicht nur eine bestimmte Notenausgabe!) nicht mehr im Fachhandel erhältlich sind. (Ist das Werk nur noch antiquarisch erhältlich, gilt es dennoch als vergriffen.) Verwendet werden dürfen aus diesem Anlass kopierte Noten allerdings nur zum eigenen Gebrauch, man darf sie also niemand zur Verfügung stellen (z. B. im Unterricht) oder öffentlich damit auftreten.

Kopien zur Aufnahme in ein eigenes Archiv

Einzelne Kopien von Noten dürfen zur Aufnahme in ein eigenes Archiv hergestellt werden. Hiermit sind die Fälle gemeint, die umgangssprachlich als „Sicherungskopie“ bezeichnet werden. Die Kopien dürfen Außenstehenden nicht zugänglich gemacht werden. Darüber hinaus muss als Vorlage ein „eigenes“ Werkstück benutzt werden: Das bedeutet, man muss Eigentümer einer originalen Notenausgabe des Werks sein, wenn man auf diese Weise legal kopieren möchte.

Notenausgaben gemeinfreier Werke

Die zeitliche Begrenzung der Urheberrechte gilt auch für das Recht, vom Werk Noten zu drucken. Sind alle an dem Werk Beteiligten bereits mehr als 70 Jahre verstorben, ist das Werk gemeinfrei und die Noten dürfen kopiert werden. Wenn Ausgaben nicht mehr geschützter Werke das Ergebnis „wissenschaftlich sichtender Tätigkeit“ sind, erhalten sie hierfür ebenfalls Schutz nach dem UrhG. Damit der Schutz allerdings entsteht, müssen sie sich zusätzlich „wesentlich“ von den bisher bekannten Ausgaben der Werke oder Texte unterscheiden. Hierfür steht dem Verlag dann ein Schutzrecht zu, das 25 Jahre lang ab der Veröffentlichung der Notenausgabe wirkt.
Die im Rahmen von Gemeinfreiheit vervielfältigten Noten dürfen grundsätzlich beliebig genutzt werden, also auch Kopien von den Kopien erstellt werden. Deshalb besteht hier auch die Möglichkeit, Noten zu nutzen, die als Dateien ins Internet gestellt wurden. Jedoch ist der Nutzer selbst dafür verantwortlich, sicherzustellen, dass die Noten tatsächlich schon gemeinfrei sind.

Einwurf

Kopierlizenz in der Musikschule

Auch in Musikschulen oder im privaten Musikunterricht gilt der Grundsatz des Notenkopierverbots – mit den genannten Ausnahmen. Allerdings bietet die Verwertungsgesellschaft Musikedition (VG Musikedition) für Musikschulen[2] und Privatunterrichtende[3] die Möglichkeit, Notenkopierlizenzen zu erwerben. Nach § 99 UrhG haftet der Inhaber oder die Inhaberin des Musikinstituts auch für die von den MitarbeiterInnen bzw. Lehrkräften begangenen Verstöße gegen das Urheberrecht.

KONZERTE

Jeder Urheber hat das ausschließliche Recht, sein Werk in nichtkörperlicher Form öffentlich wiederzugeben (Wiedergaberecht) (§ 15 Abs. 2 UrhG). Darunter fällt die öffentliche Aufführung von Musikstücken (§ 19 Abs. 2 UrhG) und deren öffentliche Wiedergabe durch Bild- oder Tonträger (§ 21 UrhG). Maßgeblich ist also die Öffentlichkeit der Nutzung (siehe Info-Kasten).
Für eine öffentliche Wiedergabe von Musikwerken benötigt jeder Nichtberechtigte eine Lizenz. Diese muss vor der Veranstaltung vom Veranstalter in der Regel bei der GEMA eingeholt werden. Veranstalter ist derjenige, der die Aufführung angeordnet und sie durch seine Tätigkeit ins Werk gesetzt hat; dies ist insbesondere derjenige, der für die Veranstaltung organisatorisch und finanziell verantwortlich ist.[4] Im nichtöffentlichen Bereich darf Musik ohne Lizenz aufgeführt bzw. wiedergegeben werden.

Auswirkungen für Musikschulen und Musiklehrkräfte

Der Normalfall einer öffentlichen Wiedergabe ist das reguläre Konzert, z. B. in einem Konzerthaus. Hier kann jeder zuhören, der eine Eintrittskarte hat. Eine Verbundenheit der ZuhörerInnen durch persönliche Beziehungen liegt nicht vor. Auch sind wohl selten alle ZuhörerInnen mit dem Veranstalter durch persönliche Beziehung verbunden.
Schülerkonzerte von Musikschulen erfüllen diese beiden Kriterien in der Regel ebenfalls nicht – auch dann nicht, wenn überwiegend Familienangehörige im Zuschauerraum sitzen. Es besteht weder eine Verbundenheit der ZuhörerInnen untereinander noch zum Veranstalter, also der Musikschulleitung. Schülerkonzerte sind daher als reguläre öffentliche Konzerte einzustufen, für die eine Aufführungslizenz benötigt wird. Eine solche ist bei der GEMA erhältlich.[5] Sie muss auch dann eingeholt werden, wenn ausschließlich gemeinfreie Werke, z. B. solche aus der Epoche der Klassik, aufgeführt werden. Jedoch entstehen dann keine Kosten bzw. Zahlungsverpflichtungen an die GEMA. Gehört die Musikschule einem Verband an, gewährt die GEMA Nachlässe auf ihre Tarife.

Info

Öffentliche Aufführung

Wann ist eine Aufführung bzw. Wiedergabe öffentlich? Im Urheberrechtsgesetz (§ 15 Abs. 3 UrhG) heißt es hierzu:

„Die Wiedergabe ist öffentlich, wenn sie für eine Mehrzahl von Mitgliedern der Öffentlichkeit bestimmt ist. Zur Öffentlichkeit gehört jeder, der nicht mit demjenigen, der das Werk verwertet, oder mit den anderen Personen, denen das Werk in unkörperlicher Form wahrnehmbar oder zugänglich gemacht wird, durch persönliche Beziehungen verbunden ist.“

BEARBEITUNGEN

Zu beachten ist, dass die GEMA lediglich die Rechte für die Aufführung vergibt. Sie vergibt also keine Lizenzen für die Bearbeitung von Werken. Hierfür muss eine Rechteklärung mit den Musikverlagen erfolgen. Aufgeführt werden darf mit einer GEMA-Lizenz lediglich das unbearbeitete Werk (im popmusikalischen Bereich „Coverversion“ genannt). Wann die Grenze zur Bearbeitung überschritten ist, lässt sich nur im Einzelfall beurteilen. In der Regel liegt kein Cover mehr vor, wenn die Veränderungen im Vergleich zum Originalwerk eine neue ästhetische Aussage aufweisen. Das kann schon bei einer Uminstrumentierung oder einem Stilwechsel der Fall sein.
Für Musikschulkonzerte bedeutet dies, dass z. B. für die Aufführung eines Werks, das für eine passende Besetzung eingerichtet oder nach den Fähigkeiten des Schülers vereinfacht wurde, meist eine Lizenz vom Verlag notwendig wäre. Die Einholung solcher Lizenzen lässt sich in der Praxis aber nicht umsetzen. Viele Nutzungen von bearbeiteten Originalwerken bleiben unerkannt. Auch gibt es bei vielen Musikverlagen eine Toleranz hinsichtlich der Überschreitung der „Covergrenze“, solange die Originalwerke ordnungsgemäß bei der GEMA für eine Aufführung gemeldet wurden. Aber dies ist natürlich kein verlässlicher juristischer Standpunkt.
Haben die Verlage Bearbeitungslizenzen an Arrangeure vergeben und wurden diese Bearbeitungen bei der GEMA angemeldet, können sie von Musikerinnen und Musikern zum Vortrag lizenziert und genutzt werden. Eine Recherche in der GEMA-Repertoire-Datenbank bringt hier Klarheit.[6]

ZITAT, PARODIE, KARIKATUR UND PASTICHE

Es gibt Ausnahmen, für die keine Lizenz notwendig ist: Zitate, Parodien und Karikaturen sowie neuerdings den Pastiche. Obgleich der praktische Nutzen für Musikschulen eher gering ist, seien sie trotzdem vorgestellt.

Musikzitat

Damit eine Melodie nach den Regeln des Musikzitats in ein anderes Musikwerk übernommen werden darf, ist es notwendig, dass „die Nutzung in ihrem Umfang durch den besonderen Zweck gerechtfertigt ist“ (§ 51 Satz 1 UrhG). Grundsätzlich besteht der Zitatzweck in einer Erläuterung des Inhalts und in einer kritischen Auseinandersetzung. Es ist also eine innere Verbindung zwischen dem zitierten und dem zitierenden Werk erforderlich.
Der erlaubte Nutzungsumfang eines Musikzitats ist ebenfalls stark begrenzt: Es dürfen nur „einzelne Stellen“ genutzt werden (§ 51 Satz 2 Nr. 3 UrhG). Somit darf vom zitierten Musikstück immer nur so viel genutzt werden, wie zur Erkennbarkeit für den durchschnittlichen Hörer unbedingt erforderlich ist.[7] Zusätzlich muss bei einer öffentlichen Wiedergabe des Zitats die Quelle des Originalwerks angegeben werden (§ 63 Abs. 2 UrhG). Die Nutzung eines Musikzitats dürfte aufgrund der schwer umsetzbaren Voraussetzungen im Musikschulalltag nur eine geringe Rolle spielen.

Musikparodie und Karikatur

Damit die Voraussetzungen einer Musikparodie erfüllt werden, muss diese an ein bereits bestehendes Werk erinnern, gleichzeitig aber ihm gegenüber Unterschiede aufweisen und einen Ausdruck von Humor oder eine Verspottung darstellen.[8] Die Rechtsprechung des Europäischen Gerichtshofs (EuGH) relativierte diese letzte Voraussetzung dahingehend, dass „die humoristische oder verspottende Auseinandersetzung [...] sich jedoch nicht auf das ursprüngliche Werk selbst beziehen [muss], sondern [sie] kann zum Beispiel auch einer dritten Person, einem anderen Werk oder einem gesellschaftlichen Sachverhalt gelten“.[9] Eine Karikatur muss eine „Überzeichnung“ aufweisen; eine scharfe Abgrenzung zur Parodie ist oft nicht möglich.[10]
An das genannte Erfordernis der künstlerischen Auseinandersetzung legt die Rechtsprechung strenge Anforderungen an.[11] Der notwendige innere Abstand des neuen Werks zum benutzten Werk ist nur dann gewahrt, wenn eine deutliche inhaltliche Auseinandersetzung mit dem älteren Werk stattfand. Je mehr die Vorlage in der Parodie wiederkehrt, desto deutlicher muss sich der (parodistische) innere Abstand zeigen.[12]
Auch die Parodie bzw. Karikatur einer Melodie ist daher nur ausnahmsweise möglich. Mit den weiteren Elementen einer Komposition, insbesondere mit einem Liedtext, sind die Voraussetzungen einer Parodie oder Karikatur aber häufiger zu erreichen. Zulässig sind die Vervielfältigung (§ 16 UrhG), Verbreitung (§ 17 UrhG) und öffentliche Wiedergabe (§ 52 UrhG) eines veröffentlichten Werks zum Zwecke der Parodie oder der Karikatur. Die Quelle des parodierten oder karikierten Werks muss nicht genannt werden.

© Eakrin_www.stock.adobe.com

Das Vervielfältigen von Noten ist grundsätzlich verboten. Allerdings gibt es Ausnahmen.

Pastiche

Das ausdrückliche Recht zum Pastiche wurde 2021 in das Urheberrechtsgesetz aufgenommen. Ermöglicht werden sollen nach der Gesetzesbegründung Praktiken wie „Remix, Meme, GIF, Mashup, Fan Art, Fan Fiction oder Sampling“, wenn diese „nicht als Parodie oder Karikatur zu klassifizieren sind“ und „wenn im Rahmen der Abwägung von Rechten und Interessen der Urheber und der Nutzer ein angemessener Ausgleich gewahrt bleibt“.[13]
Der Pastiche muss zwar, ebenso wie die Parodie, eine Auseinandersetzung mit dem vorbestehenden Werk oder einem sonstigen Bezugsgegenstand erkennen lassen. Allerdings muss es sich hier nicht um eine Auseinandersetzung im humoristischen oder verspottenden Sinne handeln. Infrage käme auch ein Ausdruck der Wertschätzung und Ehrerbietung für das Original. Da der Begriff des Pastiches diffus bleibt, besteht bis zu dessen Schärfung durch den EuGH eine erhebliche Rechtsunsicherheit.[14]
Vorläufig mag ein Urteil des OLG Hamburg[15] als Orientierung dienen. Für die Erfüllung der Voraussetzungen eines Pastiches muss demnach eine gewisse kreative Eigenleistung des Pasticheurs vorliegen. Ob eine solche gegeben ist, sei stets nach der Sicht eines objektiven Betrachters zu entscheiden. Als kreative Eigenleistung käme etwa in Betracht:

- eine Wiedergabe des Werks in veränderter Form,
- das Hinzufügen neuer Elemente,
- die Rekontextualisierung des Werks,
- eine Veränderung der Gestaltung,
- die Modifikation der Aussage des Werks durch antithematische oder satirische Nutzungen.

Dem Urheber dürfen allerdings keine finanziellen Einbußen durch unverhältnismäßige Eingriffe in die Primär- oder Sekundärverwertung drohen. Dieser Ausschluss läge zum Beispiel vor, wenn sich der Pastiche so eng an die Vorlage anlehnt, dass die Gefahr der Verwechslung mit dem Original besteht.
Zulässig ist die Vervielfältigung, Verbreitung und öffentliche Wiedergabe eines Werks zum Zweck des Pastiches, sofern die Nutzung in ihrem Umfang durch den besonderen Zweck gerechtfertigt ist. Eine Pflicht zur Quellenangabe besteht nicht (Umkehrschluss aus § 63 Abs. 1 UrhG). Die Nutzung eines Pastiches ist für den Nutzer kostenlos.[16]

SOCIAL MEDIA: WER IST FÜR INHALT VERANTWORTLICH?

Nach den Bestimmungen des Urheberrechts-dienstanbietergesetzes (UrhDaG) sind Internetplattformen für alle Inhalte, die dort von Nutzern hochgeladen werden, grundsätzlich urheberrechtlich verantwortlich (§ 1 Abs. 1 UrhDaG). Für nicht urheberrechtskonforme Inhalte haften die Plattformbetreiber (z. B. YouTube, Instagram, Facebook und TikTok), als hätten sie diese selbst hochgeladen. Allerdings haften die Plattformen nicht, sofern die hochgeladenen Inhalte entweder lizenziert oder gesetzlich erlaubt sind.
Werden den Plattformen Nutzungsrechte für Inhalte von repräsentativen Rechteinhabern oder über Verwertungsgesellschaften (z. B. die GEMA) angeboten, sind die Internetplattformen verpflichtet, entsprechende Lizenzen auch zu erwerben, sofern die Bedingungen angemessen sind (§ 4 Abs. 2 Nr. 4 UrhDaG). Die Urheber haben Anspruch auf eine Vergütung für die Nutzung ihrer Werke (§ 4 Abs. 4 UrhDaG). Diese kann z. B. durch eine Verwertungsgesellschaft geltend gemacht werden.
Keine Lizenzen müssen die Plattformen hingegen einholen, wenn ein Upload gesetzlich erlaubt ist (§ 5 UrhDaG). Erlaubt sind insbesondere Zitate, Karikaturen, Parodien und Pastiches, die also durch die Nutzer hochgeladen werden dürfen.

Sperrung von Inhalten

Wenn dem Plattformbetreiber keine Lizenz vorliegt und der hochgeladene Inhalt auch nicht gesetzlich erlaubt ist, muss er dafür sorgen, dass der Content auf der Plattform nicht verfügbar gemacht wird. Dies geschieht mittels automatisierter Verfahren, auch bekannt als „Uploadfilter". Durch die automatisierten Verfahren wird geprüft, ob ein Sperrverlangen von einer Rechteinhaberin, z. B. der Originalurheberin, vorliegt. Ist dies gegeben, werden zwei Fälle unterschieden:

Fall 1: Mutmaßlich erlaubte Nutzung

Beispiel
Die Nutzung von max. 15 Sekunden einer Tonspur ist in der Regel bei nicht kommerziellen Zwecken bzw. zur Erzielung von lediglich unerheblichen Einnahmen unproblematisch (§ 10 Nr. 2 UrhDaG).

Die Plattform nimmt mittels des Vergleichs zwischen im Content-ID-System gespeicherten Songs und den hochgeladenen Inhalten eine Vorprüfung vor, ob der Inhalt einer geringfügigen Nutzung entspricht. Ist dies der Fall, bleibt der Inhalt zunächst online und der Urheber wird über die Nutzung informiert (§ 9 Abs. 3 UrhDaG). Dieser kann Beschwerde einlegen und die Rechtswidrigkeit der Nutzung begründen (§ 14 Abs. 1 und 2 UrhDaG). Dann muss die Plattform die Inhalte sofort bis zum Ablauf des Beschwerdeverfahrens sperren (§ 14 Abs. 4 UrhDaG).
Nach der Mitteilung an die Beteiligten muss die Plattform innerhalb von einer Woche entscheiden, ob die Inhalte online bleiben oder nicht (§ 14 Abs. 3 Nr. 3 UrhDaG). Auch wenn die Voraussetzungen einer mutmaßlich erlaubten Nutzung vorliegen, kann sich daher bei genauerer Prüfung herausstellen, dass die Nutzung nicht erlaubt ist und der Inhalt gesperrt werden muss.

Fall 2: Keine mutmaßlich erlaubte Nutzung

Liegt keine mutmaßlich erlaubte Nutzung vor, wird der Inhalt von der Plattform nicht zur Veröffentlichung freigegeben. Stattdessen informiert der Dienstanbieter den Nutzer sofort über die Blockierung des von ihm hochgeladenen Inhalts und weist ihn auf das Recht hin, Beschwerde einzulegen (§ 7 Abs. 3 UrhDaG). Die Plattform kann dann innerhalb einer Woche über den Fall entscheiden (§ 14 Abs. 3 Nr. 3 UrhDaG). So lange bleibt der Inhalt offline.
Findet ein Urheber (ein sogenannter „vertrauenswürdiger Rechteinhaber") auf einer Plattform selbst einen Inhalt, für den er das Urheberrecht beansprucht (z. B. eine Bearbeitung seines Werks), und teilt er der Plattform mit, dass er der Ansicht sei, dass es sich nicht um einen mutmaßlich erlaubten Inhalt handele und dass die wirtschaftliche Werkverwertung des Werks durch die fortdauernde öffentliche Wiedergabe erheblich beeinträchtigt werde, muss die Plattform den Inhalt sofort blockieren (sog. „roter Knopf" des Urhebers) (§ 14 Abs. 4 UrhDaG).
Die Haftung durch die Plattformen bedeutet für Musikschulen und Privatmusiklehrkräfte eine deutliche Erleichterung. Sollte ein Upload nicht urheberrechtskonform sein, ist im schlimmsten Fall davon auszugehen, dass dieser gelöscht wird.

Tipp

Vorsicht beim Upload von Videos

Beim Einstellen von Videos auf Social-Media-Platformen sollten Musikschulen und Lehrkräfte besonders vorsichtig sein. Wird z. B. ein Konzertmitschnitt von der Bearbeitung eines Werks hochgeladen, die die oben genannten Voraussetzungen der Ausnahmefälle nicht erfüllt, und erlangt der Rechteinhaber durch das Content-ID-System von dieser Nutzung Kenntnis, so kann er einerseits die Löschung des Videos verlangen (siehe oben). Er kann allerdings auch auf die Veranstalterin, in diesem Fall die Musikschule, zukommen und eine Vergütung für die nicht lizenzierte Verwendung der Bearbeitung bei der Live-Aufführung verlangen. Bedacht werden sollte zudem, dass eine Rechtsverletzung des Uploaders auch auf nicht-urheberrechtlichen Ebenen entstehen kann, z. B. durch die Verletzung von Leistungsschutzrechten, Persönlichkeitsrechten oder auch Rechten aus dem Datenschutz.

KONZERTMITSCHNITT UND STREAMING

Neben der Herstellung von Filmaufnahmen bei Konzerten und deren Upload bei Social-Media-Plattformen gibt es ebenfalls juristische Fragen zum Thema Live-Streaming. Gemeint ist damit die Übertragung von Multimedia-Inhalten in Echtzeit über eine Multimedia-Plattform. Werden also Live-Darbietungen zeitgleich zur Aufführung beispielsweise bei YouTube zugänglich gemacht, handelt es sich um einen Livestream. Selbstverständlich können Livestreams auch aufgenommen und für den späteren Abruf bereitgestellt werden.
Zu beachten sind beim Livestreaming ähnlich wie beim Upload Aspekte des Urheberrechts, des Leistungsschutzrechts, der Rechte am eigenen Bild und Rechte im Zusammenhang mit der Datenschutzgrundverordnung (DSGVO).[17]

Urheberrecht beim Streaming

Sind die gestreamten Werke nicht gemeinfrei, ist eine Lizenz erforderlich. Sofern der Livestream über eine Social-Media-Plattform zur Verfügung gestellt wird, mit der die GEMA einen Lizenzvertrag abgeschlossen hat, muss der Verantwortliche – also der Veranstalter des Konzerts bzw. Streams – nicht selbst eine Lizenz einholen. Mit den großen

© Tatiana_www.stock.adobe.com

Auch bei Konzertmitschnitten und beim Livestream sind viele juristische Fragen zu beachten

Social-Media-Plattformen (Facebook, YouTube, Instagram) bestehen Lizenzverträge für Musikstreaming.
Diese Vereinbarungen gelten jedoch nicht für Live-Konzertstreams, für die Tickets verkauft oder mit denen andere Einnahmen über das Livestreaming-Event generiert werden (was auf Musikschulkonzerte eher selten zutreffen wird). In diesen Fällen müsste eine GEMA-Lizenz eingeholt werden (Tarif VR-OD 10).[18]
Das gilt ebenfalls, wenn der Stream außerhalb der genannten Social-Media-Plattformen gestreamt wird, z. B. über einen eigenen Mediaplayer auf der Website der Musikschule und nicht über die Einbindung z. B. des YouTube-Players in die eigene Website.
Sinngemäß sind diese Regelungen übertragbar, wenn nach dem Ende des Livestreams das Musikschulkonzert weiterhin abrufbar sein soll. Ein solches „On demand"-Angebot ist auf den Plattformen aufgrund der mit der GEMA bestehenden Lizenzverträge möglich. Dafür können Lizenzpakete bei der GEMA erworben werden, deren Kosten sich nach der Anzahl der Klicks richten.

Einwurf

Lizenzen nicht vergessen!

Erinnert sei nochmals an zwei Dinge:

- Die GEMA vergibt keine Lizenzen für die Bearbeitung von Werken, sondern ausschließlich die Musikverlage. Nur Coverversionen (also möglichst werkgetreue Interpretationen) sind für den Stream bzw. Upload zulässig.
- Für ein öffentliches Konzert mit Publikum am Aufführungsort wird immer eine Aufführungslizenz der GEMA benötigt – zusätzlich zu einer eventuellen Streaminglizenz.[19]

Leistungsschutzrechte

Beim Herstellen von Filmen und für das Livestreamen von Konzerten sind die Leistungsschutzrechte der an der Aufführung Beteiligten zu beachten. Zu denken ist hier an die beteiligten Musiker und Musikerinnen, gegebenenfalls den Ensembleleiter oder die Ensembleleiterin und die Filmherstellerin oder den Filmhersteller. Sie müssen der Veranstalterin des Livestreams – also z. B. der Musikschule – ihre Leistungsschutzrechte übertragen, die sich sowohl auf das Filmen der Darbietung als auch auf das Streamen und gegebenenfalls auf das „On demand"-Angebot beziehen müssen. Bei Minderjährigen müssen die Rechte von den Erziehungsberechtigten eingeräumt werden.
Darüber hinaus spielt noch ein weiterer Aspekt eine Rolle: Wird die Produktion bei einer Plattform gestreamt bzw. hochgeladen, lässt sich diese vom Veranstalter des Streams bestimmte Nutzungsrechte einräumen. Der Veranstalter muss der Plattform also eine Unterlizenz einräumen. Für diese Weitergabe der Rechte muss sich der Veranstalter von den Beteiligten ebenfalls eine Genehmigung einholen.[20]

Rechte am eigenen Bild

Zusätzlich sind bei der Herstellung von Filmen, beim Upload und beim Streamen die Rechte am eigenen Bild zu beachten. Es ist eine Einwilligung der Musikerinnen und Musiker notwendig, in der klargestellt werden sollte, dass eine Filmherstellung erfolgt, eine Übertragung im Livestream und gegebenenfalls auch ein „On demand"-Angebot vorgesehen ist. Das Recht am eigenen Bild richtet sich nach dem Kunsturhebergesetz (KUG) (§§ 22 und 23). Es schützt das Recht von Personen, selbst darüber entscheiden zu dürfen, ob Bild- oder Videoaufnahmen von ihnen veröffentlicht werden oder nicht.
Grundsätzlich bedarf jede Veröffentlichung von Bildnissen einer Person der Einwilligung des oder der Abgebildeten (§ 22 Satz 1 KUG). Bei Kindern muss die Einwilligung durch die Erziehungsberechtigten erteilt werden. Das OLG Düsseldorf hat 2021 entschieden, dass grundsätzlich eine Zustimmung beider Erziehungsberechtigter gegeben sein muss.[21] Jugendliche können und müssen ab ihrer eigenen Einwilligungsfähigkeit selbst in die Veröffentlichung einwilligen. Wann eine Einwilligungsfähigkeit vorliegt, hängt davon ab, ob die Kinder in der Lage sind, die Bedeutung und Tragweite der Veröffentlichung von Abbildungen ihrer selbst zu überblicken. Davon ist in der Regel spätestens ab Vollendung des 14. Lebensjahres auszugehen. Sicherheitshalber sollte aber eine Einwilligung von Kindern eingeholt werden, wenn sie das 12. Lebensjahr vollendet haben.

Einwurf

Größere Gruppen filmen ohne Einwilligung

Von der Einwilligungspflicht gibt es Ausnahmen (§ 23 Abs. 1 KUG). Die relevanteste Ausnahme besteht in der Erlaubnis, das Publikum oder eine größere Gruppe von MusikerInnen (z. B. einen Chor oder ein Orchester) ohne Einwilligung zu filmen, sofern nicht einzelne Personen fokussiert werden. Für alle anderen Fälle ist das Einholen einer schriftlichen Einwilligung zur Veröffentlichung der Videoaufnahmen aber der juristisch sicherste Weg.

Bei Videos von Konzerten sind die MusikerInnen und der Ensembleleiter bzw. die Ensembleleiterin, eventuell auch das Publikum betroffen. Eine Einwilligung der Abgebildeten zur Veröffentlichung der Bilder kann sich aus den Umständen ergeben und muss nicht zwangsläufig schriftlich erfolgen. Da der Fotograf oder Filmer jedoch beweispflichtig für die Einwilligung ist, wäre dies ratsam. Dabei sollte die Art der späteren Verwendung (hier: Hochladen ins Internet) so genau wie möglich beschrieben werden. Ein Verstoß gegen das KUG ist strafbar (§ 33 KUG).

Datenschutz

Die Anfertigung von Videos und Livestreams, auf denen Personen zu erkennen sind, gelten als Datenverarbeitung im Sinne der DSGVO. In der Regel benötigen Musikschulen, die Filmaufnahmen anfertigen und veröffentlichen möchten, daher eine Einwilligung der Personen, die zu sehen sind (Artikel 6 Abs. 1 Buchstabe a DSGVO). Für Minderjährige unter 16 Jahren ist eine Einwilligung nur durch die Erziehungsberechtigten möglich (Art. 8 Abs. 1 S. 1 und 2 DSGVO).

Eine schriftliche Einwilligung der beteiligten Musiker und Musikerinnen ist die sicherste Form einer datenschutzrechtlichen Einwilligung. Vorgeschrieben ist die Schriftform zwar nicht; sie kann auch formfrei erfolgen. Bedacht werden sollte jedoch, dass der Datenverarbeitende beweispflichtig dafür ist, dass er eine Einwilligung der abgebildeten Person erhalten hat (Art. 7 Abs. 1 DSGVO).

Die Einwilligung zur Datenverarbeitung kann jederzeit widerrufen werden (Art. 7 Abs. 3 DSGVO). Eine solche Widerrufsmöglichkeit besteht nur für die Zukunft und ist daher hauptsächlich für dauerhaft abrufbare Uploads relevant. Begründet werden muss der Widerruf nicht. Es ist möglich, dass der Widerruf nur für bestimmte Ausschnitte der Aufnahme, für einzelne Verwendungsarten oder auch für bestimmte Plattformen ausgesprochen wird.

Wenn auch das Publikum gezeigt werden soll, ist die Einholung der Einwilligung zur Datenverarbeitung in Schriftform von allen Mitgliedern des Publikums nicht umzusetzen. Ein schriftlicher Aushang hinsichtlich der Datenverarbeitung kann lediglich als Indiz für die Einwilligung gewertet werden.[22] Sicher ist dieses Vorgehen jedoch wegen der Nachweispflicht des Datenverarbeitenden nicht (Art. 7 Abs. 1 DSGVO). Am einfachsten ist es daher, auf das erkennbare Zeigen von Publikumsmitgliedern zu verzichten. Alternativ können Zonen im Zuschauerraum gekennzeichnet werden, die von einer Übertragung nicht erfasst werden.

Eine weitere Hürde betreffend aller abgebildeten Personen ist die Pflicht zur Auskunft des Datenverarbeitenden, was mit den Daten, also in diesem Fall mit den Filmaufnahmen, geschieht (Art. 15 DSGVO Auskunftsrecht der betroffenen Person). Hier kann jedoch auf die generelle Datenschutzerklärung der Musikschule verwiesen werden. ■

Tipp

Pixeln statt löschen

Filmaufnahmen, für die die Einwilligung widerrufen wurde, müssen nicht unbedingt vollständig gelöscht werden. Es reicht aus, wenn die Person unkenntlich gemacht wird, z. B. durch sogenanntes Verpixeln oder durch einen anderen Schnitt der Aufnahme.

1 https://vg-musikedition.de/info-center/tarife (Stand: 24.2.2025).
2 https://vg-musikedition.de/info-center/tarife (Stand: 24.2.2025).
3 https://vg-musikedition.de/info-center/tarife (Stand: 24.2.2025).
4 Dreyer/Schulze: *Urheberrechtsgesetz: UrhG*, 5. Aufl., C. H. Beck, München, § 81, Rz 1.
5 www.gema.de/portal/app/tarifrechner/tariffinder/veranstaltung (Stand: 6.2.2025).
6 www.gema.de/portal/app/repertoiresuche/werksuche (Stand: 6.2.2025).
7 Dreier/Schulze: *Urheberrechtsgesetz: UrhG*, 6. Aufl., C. H. Beck, München 2018, § 51, Rz. 21f.
8 BGH, I ZR 9/15, Rz. 25ff.
9 EuGH, C-201/13.
10 Bundestagsdrucksache Nr. 19/27426, Seite 91.
11 BGH, I ZR 264/91.
12 Dreier/Schulze: *Urheberrechtsgesetz: UrhG*, 6. Aufl., C. H. Beck, München 2018, § 24, Rz. 25.
13 Bundestagsdrucksache Nr. 19/27426, Seite 91.
14 So auch Anne Lauber-Rönsberg/Paul Baumann in: Malek Barudi (Hg.): *Das neue Urheberrecht*, Nomos, Baden-Baden 2021, § 3 Rz. 100. Zurzeit (Februar 2025) ist zur Klärung des Begriffs „Pastiche" ein Verfahren beim Europäischen Gerichtshof anhängig, Az.: C-590/23.
15 OLG Hamburg, Az.: 5 U 48/05.
16 Auf der Internetseite https://cover.info werden Cover und Zitate bzw. Pastiches Originalen zugeordnet.
17 Zur Frage der Notwendigkeit von Rundfunklizenzen: Keiner Zulassung bedürfen nach § 54 Abs. 1 Medienstaatsvertrag 2020 Rundfunkprogramme, die „nur geringe Bedeutung für die individuelle und öffentliche Meinungsbildung enthalten oder die im Durchschnitt von sechs Monaten weniger als 20 000 gleichzeitige Nutzer erreichen oder in ihrer prognostizierten Entwicklung erreichen werden". Das dürfte auf die allermeisten Musikschulen zutreffen, weshalb hier auf diese Problematik nicht weiter eingegangen wird.
18 Der Tarif für geringfügige Nutzungen ist hier zu finden: www.gema.de/musiknutzer/tarifuebersicht/tarif-vr-od-10 (Stand: 6.2.2025).
19 Tarif E: www.gema.de/musiknutzer/tarifuebersicht/tarif-e oder Tarif U-K: www.gema.de/musiknutzer/tarifeformulare/tarif-u-k (Stand: 6.2.2025).
20 Ein Mustertext für die Übertragung von Leistungsschutzrechten steht auf der Internetseite des Autors zur Verfügung: www.musikerkanzlei.de/downloads (Stand: 6.2.2025).
21 OLG Düsseldorf, 1 UF 74/21.
22 Mustertexte für die Einwilligungen der Musiker und Musikerinnen zur Herstellung von Bildaufnahmen nach dem KUG und der DSGVO sowie ein Aushang für das Publikum stehen auf der Internetseite des Autors zur Verfügung: www.musikerkanzlei.de/downloads (Stand: 6.2.2025).

To-Do-Liste: Habe ich alles beachtet fürs Konzert oder Streaming?

Die To-Do-Liste gibt eine erste Orientierung für eine rechtskonforme Aufführung von Musikwerken bzw. den Upload oder das Streamen von Konzerten auf Social-Media-Plattformen. Nicht rechtskonforme Uploads werden, nach der Möglichkeit zur Stellungnahme durch den Uploader, von den Plattformen gelöscht. Rechtsverstöße können aber unter bestimmten Voraussetzungen auch abgemahnt werden oder sogar strafbar sein. In Zweifelsfällen ersetzt die To-Do-Liste daher keine individuelle Beratung.

Aufführung von Musik

❒ Ist das Konzert öffentlich? Öffentlich ist eine Aufführung, wenn sie für eine Mehrzahl von Personen bestimmt ist, die nicht persönlich mit dem Veranstalter verbunden sind.
→ Falls ja: Aufführungslizenz notwendig
→ Falls nein (z. B. bei einem internen Klassenvorspiel ohne externes Publikum): keine Aufführungslizenz notwendig

❒ Wer ist der bzw. sind die Rechteinhaber (Komponist, Texter, Bearbeiter) der Werke, die aufgeführt werden sollen? Sind alle Rechteinhaber seit mehr als 70 Jahren tot?
→ Falls ja: Werk ist gemeinfrei und keine Aufführungslizenz notwendig
→ Falls nein: Aufführungslizenz notwendig
☞ Hilfreich bei der Recherche kann die Datenbank der GEMA sein: www.gema.de/portal/app/repertoiresuche/werksuche

❒ Aufführungslizenz ist notwendig?
→ Komposition ohne Bühnengeschehen (also keine Oper und kein Musical etc.): Einholung bei der GEMA (für Musikschulen, die einem Verband angehören, gibt es in der Regel Nachlässe)
☞ www.gema.de/portal/app/tarifrechner/tariffinder/veranstaltung
→ Aufführung eines Bühnenwerks oder eines bühnenmäßig aufgeführten Titels (bewegtes Spiel): Lizenz muss direkt beim Verlag eingeholt werden. Dies gilt auch für Titel, die nicht zum GEMA-Repertoire gehören.

❒ Ist das Werk z. B. von einer Lehrkraft oder der Schülerin/dem Schüler für die Aufführung bearbeitet (z. B. vereinfacht, uminstrumentiert oder im Stil verändert) worden?
→ Falls ja: Für die Aufführung ist eine Bearbeitungslizenz notwendig, die der Verlag direkt vergibt. Eine solche ist nicht notwendig, sofern das Originalwerk bereits gemeinfrei ist. Der Bearbeiter selbst muss ebenfalls seine Erlaubnis zur Aufführung erteilen.

❒ Nach der Veranstaltung muss innerhalb von sechs Wochen der GEMA gemeldet werden, welche Titel tatsächlich gespielt wurden
☞ www.gema.de/de/musikurheber/online-services/meine-setlists

Livestream / Videoaufnahmen / Upload auf Social-Media-Plattformen

Urheberrechte

❒ Wer ist der bzw. sind die Rechteinhaber (Komponist, Texter, Bearbeiter) der Werke, die gefilmt und hochgeladen bzw. gestreamt werden sollen? Sind alle Rechteinhaber seit mehr als 70 Jahren tot?
→ Falls ja: Werk ist gemeinfrei und kann ohne Risiko (auch in bearbeiteter Form) verfilmt und hochgeladen werden
→ Falls nein: Werk ist nicht gemeinfrei, die weiteren Voraussetzungen sind zu beachten
☞ Hilfreich bei der Recherche kann die Datenbank der GEMA sein: www.gema.de/portal/app/repertoiresuche/werksuche

❒ Wird das (unbearbeitete) Werk hochgeladen bzw. gestreamt bei einer Plattform, die einen Lizenzvertrag mit der GEMA abgeschlossen hat (z. B. YouTube, TikTok, Instagram)?
→ Falls ja: Es muss keine weitere Lizenz durch den Uploader eingeholt werden, sofern der Upload keinen gewerblichen Bezug hat (vgl. nächsten Punkt).

❒ Hat der Upload einen gewerblichen Bezug (z. B. Werbung für die Musikschule oder Ticketverkauf für den Livestream)?
→ Falls ja: Filmherstellungslizenz und Streaminglizenz der GEMA notwendig
☞ www.gema.de/de/musiknutzer/tarifuebersicht/tarife-vr-th-f-1tarif-vr-th-f-2tarif-vr-th-f-3
☞ www.gema.de/portal/app/tarifrechner/tariffinder/online

❒ Ist das Werk z. B. von einer Lehrkraft oder der Schülerin/dem Schüler für die Aufführung bearbeitet (z. B. vereinfacht, uminstrumentiert oder im Stil verändert) worden?
→ Falls ja: Für den Upload ist eine Bearbeitungslizenz notwendig, die der Verlag direkt vergibt. Der Bearbeiter selbst muss ebenfalls seine Erlaubnis für den Upload erteilen.

Leistungsschutzrechte

❒ Liegen Lizenzen von den leistungsschutzberechtigten MusikerInnen und EnsembleleiterInnen für die Aufnahme der Darbietung und deren Upload vor?

❒ Sofern nicht die Musikschule selbst Veranstalterin des Konzerts ist: Liegt eine Lizenz vom Veranstalter für die Aufnahme der Darbietung und deren Upload vor?

❒ Sofern es sich bei dem Video nicht um eine Eigenproduktion der Musikschule handelt: Liegen die leistungsschutzrechtlichen Lizenzen des Filmherstellers und gegebenenfalls des Tonträgerherstellers vor?

☞ Mustervorlagen unter www.musikerkanzlei.de/downloads

Bildrechte

❒ Sind gefilmte Personen erkennbar (MusikerInnen, EnsembleleiterIn, Publikum etc.)?
→ Falls ja: Einwilligungen für eine Veröffentlichung der Aufnahmen notwendig

❒ Ist die erkennbare Person unter 12 Jahren?
→ Falls ja: Einwilligungen (schriftlich oder formlos) von beiden Erziehungsberechtigten notwendig

❒ Ist die erkennbare Person älter als 12 Jahre, aber noch nicht volljährig?
→ Falls ja: Einwilligungen (schriftlich oder formlos) von der Person selbst und beiden Erziehungsberechtigten notwendig

❒ Die Einwilligung zum Filmen darf nicht widerrufen oder angefochten worden sein.

❒ Sofern keine Einwilligung vorliegt: Greift eine Ausnahme? Das Publikum oder eine größere Gruppe von MusikerInnen (z. B. ein Chor oder ein Orchester) darf ohne Einwilligung gefilmt werden, sofern nicht einzelne Personen fokussiert werden.

☞ Mustervorlage für die Einwilligung unter www.musikerkanzlei.de/downloads

Datenschutzgrundverordnung

❒ Die Anfertigung digitaler Fotos oder Videos gilt als Datenverarbeitung. Sind gefilmte Personen erkennbar (MusikerInnen, EnsembleleiterIn Publikum etc.)?
→ Falls ja: Einwilligungen zur Datenverarbeitung notwendig

❒ Sofern keine Einwilligungen vorliegen: Können die Aufnahmen so geschnitten werden, dass die Personen nicht zu erkennen sind?

☞ Mustervorlage für eine Einwilligung unter www.musikerkanzlei.de/downloads

Datenschutz spielt im Zusammenhang mit Musikunterricht eine wichtige Rolle. Dabei beschränkt sich das Thema nicht nur auf die Datenschutzerklärung der eigenen Website, sondern betrifft ebenso die Erhebung, Verarbeitung und Speicherung der Daten im Zusammenhang mit dem Unterrichtsvertrag. Des Weiteren werden Daten verarbeitet, wenn Lehrkräfte angestellt oder als Honorarkräfte beschäftigt werden. Maßgeblich sind die Vorgaben der Datenschutzgrundverordnung (DSGVO).

DSGVO & Co.

Wie Sie Ihren Unterricht datenschutzkonform erteilen

In Musikschulen treffen im Allgemeinen die Leitungen die Entscheidung, wie die Datenverarbeitung im Detail erfolgen soll. Sie gelten damit als „Verantwortliche“ im Sinne der Datenschutzgrundverordnung (Artikel 4 Nr. 7 DSGVO). Die DSGVO gilt dann, wenn von der Musikschule oder von Privatmusiklehrkräften personenbezogene Daten verarbeitet werden und in einem Dateisystem gespeichert sind oder gespeichert werden sollen (Art. 2 Abs. 1 DSGVO).

Personenbezogene Daten sind alle Informationen, die sich auf eine identifizierte oder identifizierbare natürliche Person beziehen (Art. 4 Nr. 1 DSGVO). Diese Personen werden in der DSGVO „Betroffene“ genannt (Art. 4 Nr. 1 DSGVO). In den meisten Arbeits- und Honorarverträgen werden z. B. folgende Daten festgehalten: der Name, das Geburtsdatum, die Anschrift, die E-Mail-Adresse und die Telefonnummer sowie gegebenenfalls die Bankverbindung. Beim Abschluss von Unterrichtsverträgen werden diese Daten in der Regel ebenfalls erhoben, gegebenenfalls sowohl von den VertragspartnerInnen als auch von den Schülerinnen und Schülern.

GRUNDLAGE DER DATENERFASSUNG

Damit Daten erfasst, verarbeitet und gespeichert werden dürfen, ist entweder eine gesetzliche Erlaubnis oder eine Einwilligung notwendig. Werden Daten von SchülerInnen erhoben, die noch nicht 16 Jahre alt sind, so ist die Datenverarbeitung nur erlaubt, sofern und soweit die Sorgeberechtigten zugestimmt haben (Art. 8 Abs. 1 DSGVO). Ansonsten ist eine Erfassung, Verarbeitung und Speicherung nicht legal. Sollten bereits Daten erfasst worden sein, ohne dass dies erlaubt war, sind die Daten zu löschen. Gesetzlich vorgesehene Möglichkeiten zur Datenverarbeitung finden sich in Artikel 6 der DSGVO. Danach ist z. B. die Datenverarbeitung zur Erfüllung eines Vertrags oder zur Durchführung vorvertraglicher Maßnahmen immer erlaubt (Art. 6 Abs. 1 lit. b DSGVO). Daten, die aus den Unterrichtsverträgen stammen und zur Erfüllung des Vertrags verarbeitet werden, dürfen demnach ohne Einwilligung genutzt werden. Werden Daten für eine Schnupperstunde erhoben, ist dies ebenfalls ohne Einwilligung

Einwurf

Grundsatz der Datenminimierung

Erfasst werden dürfen immer nur die Daten, die für den beabsichtigten Verarbeitungszweck unbedingt notwendig sind (Art. 5 Abs. 1 lit. c DSGVO).

Tipp

Datenschutzerklärung selbst erstellen

Tools zur Erstellung von Datenschutzerklärungen gibt es im Internet, auch für den unternehmerischen Gebrauch, z. B. www.hub24.de/datenschutzerklaerung-konfigurator

© lassedesignen_www.stock.adobe.com

möglich, weil es sich hierbei um eine vorvertragliche Maßnahme handelt.
Artikel 6 (lit. c) der DSGVO regelt weiterhin, dass eine Datenverarbeitung ohne Einwilligung ebenfalls möglich ist, wenn diese zur Erfüllung einer rechtlichen Verpflichtung seitens des Verantwortlichen erforderlich ist. Müssen Daten also z. B. aus steuerrechtlichen Gründen erhoben, verarbeitet und gespeichert werden, benötigt die Musikschule dafür keine separate Einwilligung. Die Vorgaben, bei denen es keiner Einwilligung des Betroffenen für eine Datenverarbeitung bedarf, sind aber sehr eng auszulegen. Wird z. B. eine E-Mail-Adresse für den Versand von Werbung verwendet, handelt es sich nicht mehr um eine Verarbeitung zur Vertragsdurchführung.

INFORMATIONS- UND AUSKUNFTSPFLICHT

Auch wenn eine Einwilligung nicht notwendig ist: Die Betroffenen müssen immer darüber informiert werden, welche Daten für welchen Zweck erhoben werden (Informationsrecht). Nur so ist ihnen eine Entscheidung möglich, ob bzw. wie weit sie ihre Daten zu diesem Zweck überhaupt zur Verfügung stellen möchten. Eine solche Information erfolgt am besten bei Vertragsschluss durch eine eigene Datenschutzerklärung in Bezug auf den Vertrag. Diese sollte insbesondere darüber Auskunft geben,

- welche Daten zu welchem Zweck erhoben werden,
- aus welcher Quelle die Daten stammen,
- wie die Daten verarbeitet werden,
- wie lange sie gespeichert werden,
- dass ein Recht auf Berichtigung, Löschung und Einschränkung der Verarbeitung und ein Beschwerderecht besteht und
- an wen die Daten gegebenenfalls weitergegeben werden.

Einwurf

Auftragsdatenverarbeitung

Eine Weitergabe von Daten aus Unterrichtsverträgen findet in der Regel auch beim Einsatz von Honorarkräften durch die Musikschule statt. Diese gelten dann aus der Perspektive der Unterrichtsvertragspartner als Dritte. Auf die Weitergabe der Daten an Honorarkräfte muss ein Unterrichtsvertragspartner daher hingewiesen werden. Sinngemäß gilt dies auch, wenn zwischen Musikschule und Lehrkraft ein Unterrichtsvermittlungsvertrag besteht. Dies ist dann eine sogenannte Auftragsdatenverarbeitung.

Hinsichtlich all der genannten Punkte können die Betroffenen Auskunft von der Musikschule bzw. von der Privatmusiklehrkraft verlangen (Art. 15 DSGVO). Es ist daher wichtig, für einen solchen Fall ohne viel Aufwand die entsprechenden Antworten parat zu haben.

PFLICHT ZUR LÖSCHUNG VON DATEN

Personenbezogene Daten dürfen zeitlich nicht unbegrenzt gespeichert, sondern müssen gelöscht werden. Eine solche Pflicht tritt ein, wenn die personenbezogenen Daten für die Zwecke, für die sie erhoben oder auf sonstige Weise verarbeitet wurden, nicht mehr notwendig sind (Art. 17 Abs. 1 lit. a DSGVO). Allerdings können gesetzliche Aufbewahrungspflichten der Löschung entgegenstehen (Art. 17 Abs. 3 lit. b DSGVO). Solche können sich etwa aus steuerrechtlichen Aspekten ergeben, z. B. aus § 147 der Abgabenordnung. Es muss also klar sein, wann welche Daten gelöscht werden müssen bzw. dürfen.

TECHNISCHE UND ORGANISATORISCHE MASSNAHMEN

Die DSGVO verpflichtet den Verantwortlichen dazu, geeignete technische und organisatorische Maßnahmen zu ergreifen, um die erhobenen Daten zu schützen (Art. 32 DSGVO). Der Verantwortliche muss Rechenschaft darüber ablegen können, welche konkreten Schutzmaßnahmen hinsichtlich der Datensicherheit getroffen wurden (Art. 5 Abs. 2 DSGVO).

Zum einen müssen die Daten vor Ort gesichert werden, also durch entsprechende physische Schutzeinrichtungen wie z. B. Sicherheitsschlösser an der Tür zum Büro oder ähnliche Sicherungen. Auch bei der Datenverarbeitung selbst, also hinsichtlich der EDV, müssen entsprechende Schutzmaßnahmen ergriffen werden – beispielsweise Zugangspasswörter zu PCs oder Speichern der Kundendaten in einem verschlüsselten Datencontainer. Alle vorgenommenen Schutzmaßnahmen müssen dabei dem Stand der Technik entsprechen.

Sofern auf der Internetseite der Musikschule ein Kontaktformular ausgefüllt werden kann, muss für diese Art der Datenerhebung und -verarbeitung ebenfalls eine Information an den potenziellen Kunden erfolgen. Dies geschieht am einfachsten, wenn vor der Möglichkeit zum Absenden der Anfrage eine Checkbox vorgeschaltet wird, die zu den Datenschutzhinweisen verlinkt ist. Dieser Vorgang muss zur späteren Beweisbarkeit dokumentiert werden. Die Übertragung der Daten darf nur verschlüsselt erfolgen, also mit einem entsprechenden SSL-Zertifikat.

WAS TUN BEI EINER DATENPANNE?

Ist der Fall der Fälle eingetreten, sind also Daten nicht ausreichend geschützt und damit datenschutzrechtliche Vorgaben verletzt worden, darf eine solche Panne nicht einfach unter den Teppich gekehrt werden. Vielmehr ist der für den Datenschutz Verantwortliche nun in der Pflicht, dies der zuständigen Datenschutzbehörde anzuzeigen. Die Meldung hat unverzüglich, möglichst innerhalb von 72 Stunden an die zuständige Datenschutzbehörde zu erfolgen, wenn die Datenpanne voraussichtlich zu einem Risiko für die Rechte

Einwurf

Haftung für Dienstleister

Eine Musikschule haftet auch bei Datenpannen von beauftragten Dienstleistern (Art. 82 Abs. 1 DSGVO). Das können etwa Honorarkräfte sein. Infrage kommen aber auch Pannen, die beauftragten Softwareanbietern oder dem Finanzdienstleister unterlaufen, der die Unterrichtsentgelte einzieht. Es sollte daher mit diesen Dienstleistern ein Auftragsverarbeitungsvertrag abgeschlossen werden, der unter anderem die Haftung regelt.

und Freiheiten der betroffenen Person führt (Art. 33 DSGVO). Die Meldung erfolgt an die nach Artikel 55 der DSGVO zuständige Aufsichtsbehörde des Bundeslandes, in dem das Unternehmen seinen Sitz hat. Wenn voraussichtlich für die betroffenen Personen ein hohes Risiko für deren persönliche Rechte und Freiheiten besteht, muss zusätzlich eine Meldung an die betroffenen Personen erfolgen (Art. 34 DSGVO).

Übrigens:

- Ein Datenschutzbeauftragter ist nur in größeren Musikschulen notwendig, nämlich dann, wenn dort regelmäßig mindestens 20 Personen auf die Daten zugreifen und diese verarbeiten (§ 38 Abs. 1 Bundesdatenschutzgesetz). Das dürfte nur auf wenige Musikschulen zutreffen.

- Eine Datenschutz-Folgenabschätzung ist in der Regel ebenfalls nicht erforderlich. Diese muss vorgenommen werden, wenn die Datenverarbeitung voraussichtlich ein hohes Risiko für die Rechte und Freiheiten der Betroffenen zur Folge hat (Art. 35 Abs. 1 DSGVO). Dieses Risiko besteht durch die in Musikschulen verarbeiteten Daten in der Regel nicht.

FOLGEN VON VERSTÖSSEN

Bei Verstößen gegen die Vorgaben der DSGVO sind Schadenersatzforderungen der Betroffenen möglich (Art. 82 Abs. 1 DSGVO). Von den Aufsichtsbehörden können Verwarnungen ausgesprochen werden (Art. 58 Abs. 2 lit. b DSGVO). Sie können aber auch Bußgelder verhängen (Art. 83 DSGVO). Darüber hinaus sind auch Abmahnungen von Konkurrenten möglich. Hier hat der Abgemahnte mindestens die Kosten des gegnerischen Anwalts zu tragen, wenn die Abmahnung zu Recht erfolgte.

Literatur zum Weiterlesen

Urheber- und Social-Media-Recht

Bauchrowitz, Frank: „Konzert-Livestream – worauf ist zu achten? Auch beim Livestreaming müssen juristische Aspekte bedacht werden", in: *üben & musizieren*, 1/2023, S. 42-43

Bauchrowitz, Frank: „Erleichterungen, aber kein Freibrief. Die Urheberrechtsreform 2021 bringt auch für Musikschulen und Privatlehrkräfte relevante Änderungen", in: *üben & musizieren*, 1/2022, Seiten 40-43

Dittl, Stephan et al.: *Handbuch Urheberrecht*, Erich Schmidt Verlag, Berlin 2022

Eggers, Christian W.: *Praxis-Guide Bildrechte. Rechtssichere Bildnutzung – der Leitfaden für Unternehmen, Behörden, Vereine, Journalisten, Blogger und Fotografen*, Springer Gabler, Wiesbaden 2023

Gerecke, Martin (Hg.): *Handbuch Social-Media-Recht*, C. H. Beck, München 2023

DSGVO

Deicke, Alexander/Schönhagen, Leonie: *Datenschutz – leicht Gemacht. Management personenbezogener Daten im Unternehmen: EU-DSGVO, BDSG and DSMS*, Duncker & Humbolt, Berlin 2024

Reimann, Grit (Hg.): *Betrieblicher Datenschutz Schritt für Schritt. Lösungen zur praktischen Umsetzung – DSGVO, Textbeispiele, Musterformulare, Checklisten*, Beuth Verlag, Berlin 2023

Lärmemissionen

Feldhaus, Gerhard/Tegeder, Klaus: *Technische Anleitung zum Schutz gegen Lärm (TA-Lärm). Kommentar*, Müller Verlag, Hamburg 2014

Landmann, Robert von/Rohmer, Gustav: *Umweltrecht*, C. H. Beck, München 2023

Arbeitsrecht, Selbstständigkeit und Scheinselbstständigkeit

Bauchrowitz, Frank: „Unterschätzte Gefahr. Scheinselbstständige Honorarkräfte an Musikschulen – Risiken und Nebenwirkungen, Teil 1", in: *üben & musizieren*, 4/2023, S, 34-36

Bauchrowitz, Frank: „Gravierende Folgen. Scheinselbstständige Honorarkräfte an Musikschulen – Risiken und Nebenwirkungen, Teil 2", in: *üben & musizieren*, 5/2023, S. 38-40

Bauchrowitz, Frank: „Schaden ohne Ersatz? Wer ersetzt den Schaden am eigenen Instrument beim Unterrichten an der Musikschule?", in: *üben & musizieren*, 2/2023, S. 46 (siehe Lese-Tipp auf Seite 21)

Bauchrowitz, Frank: „Unlimited? In welchem zeitlichen Umfang können Musikschullehrkräfte zur Erbringung von Zusammenhangstätigkeiten verpflichtet werden?", in: *üben & musizieren*, 1/2020, S. 41-43

Deinert, Olaf et al.: *Arbeitsrecht. Handbuch für die Praxis*, Bund-Verlag, Frankfurt am Main 2024

Görg, Axel/Guth, Martin: *Tarifvertrag für den öffentlichen Dienst. Basiskommentar zum TVöD mit den Überleitungstarifverträgen für Bund (TVÜ-Bund) und Gemeinden (TVÜ-VKA)*, Bund-Verlag, Frankfurt am Main 2024

Jesgarzewski, Tim: *Arbeitsrecht. Grundlagen und Praxis*, Nomos Verlag, Wiesbaden 2022 (Neuauflage 2025)

Unterrichtsverträge

Bauchrowitz, Frank, „Vertragsüberarbeitung notwendig. Kündigungsmöglichkeiten für Unterrichtsverträge werden vereinfacht," in: *üben & musizieren*, 6/2021, S. 45

Bauchrowitz, Frank: „Konflikten vorbeugen. Unterrichtsverträge sinnvoll und sicher gestalten", in: *üben & musizieren*, 5/2016, musikschule)) DIREKT, S. 2-4, https://uebenundmusizieren.de/artikel/konflikten-vorbeugen

Ulmer, Peter et al.: *AGB-Recht. Kommentar zu den §§ 305-310 BGB und zum UKlaG*, Otto Schmidt, Köln 2022, S. 1811 ff.

Rechtsformen und Rechtsformwahl

Bauchrowitz, Frank: „Einzelunternehmung oder gGmbH? In welchen Fällen lohnt es sich, eine Musikschule in eine gGmbH umzuwandeln oder als solche zu gründen? (Teil 1)", in: *üben & musizieren*, 1/2019, musikschule)) DIREKT, S. 10-12, https://uebenundmusizieren.de/artikel/einzelunternehmung-oder-ggmbh

Bauchrowitz, Frank: „Einzelunternehmung oder gGmbH? In welchen Fällen lohnt es sich, eine Musikschule in eine gGmbH umzuwandeln oder als solche zu gründen? (Teil 2)", in: *üben & musizieren*, 2/2019, musikschule)) DIREKT, S. 10-12, https://uebenundmusizieren.de/artikel/einzelunternehmung-oder-ggmbh-2

Goetz, Michael et al.: *Praxisratgeber Vereinsrecht. Satzungsgestaltung, Umstrukturierung, Konfliktbewältigung – Arbeitshilfe mit kommentierter Mustersatzung*, Walhalla Fachverlag, Regensburg 2023

Huber, Steffen: *Rechtsformen und Rechtsformwahl. Recht, Steuern, Beratung*, Gabler Verlag, Wiesbaden 2019

Aufsichtspflicht

Langen, Tanja: *Rechtsverhältnisse und Aufsichtspflichten in Kindertagesstätten*, Kommunal- und Schul-Verlag, Wiesbaden 2020

Schmidt, Christopher/Rabe, Annette: *Recht für die Kindheitspädagogik*, Nomos Verlag, Baden-Baden 2021

So ein Krach!

Lärmemissionen im Musikunterricht

Wenn Lehrkräfte unterrichten, liegt es in der Natur der Sache, dass die Nachbarn dies wahrnehmen können. Es besteht immer die Gefahr, dass diese sich gestört fühlen und es zu Konflikten kommt. Was ist erlaubt, was verboten – und wie kann Streit aufgrund von Lärmemissionen vermieden werden?

Maßgeblich dafür, wie viel Lärm in welcher Lautstärke an welchem Ort auftreten darf, ist die Technische Anleitung zum Schutz gegen Lärm (TA-Lärm).[1] Zwar sieht die TA-Lärm für bestimmte Fälle Anwendungsausschlüsse vor, doch ist eine Musikschule z. B. keine sogenannte „Anlage für soziale Zwecke" (Ziffer 1 lit. h) TA-Lärm).[2]

STANDORT

Die TA-Lärm unterscheidet zunächst dahingehend, in welchem Gebiet im Sinne des Bebauungs- bzw. Flächennutzungsplans die Musikschule betrieben wird (Ziffer 6.6. Satz 1 TA-Lärm). Informationen darüber, welche Gebietsdefinition für welche Adresse gilt, sind beim örtlichen Bauamt erhältlich. Gibt es solche nicht, ist eine Einordnung nach der Schutzbedürftigkeit im Einzelfall vorzunehmen (Ziffer 6.6. Satz 2 TA-Lärm).

Durch die tatsächliche Bebauung kann sich ein in bestimmter Weise ausgewiesenes Gebiet mit der Zeit in seinem Bebauungscharakter verändern. Theoretisch könnte dann durch gerichtliche Überprüfung der gewandelte Charakter eines Gebiets festgestellt werden. Dann wären auch die Grenzwerte für die neu definierte Gebietsart nach der TA-Lärm einzuhalten.

Die höchste Lärmbelästigung wird in Industriegebieten toleriert, die geringste in Kurgebieten, in der Nähe von Krankenhäusern und Pflegeanstalten. Auch wenn es daher generell einfacher ist, eine Musikschule in einem Industriegebiet zu betreiben, stellen sich andere Fragen wie z. B. die Erreichbarkeit und die Attraktivität eines solchen Standorts. Dennoch sollten Optionen, Musikunterricht eher in einem Kerngebiet oder in einem Gewerbegebiet anzubieten, gerade für den Unterricht von eher lärmintensiven Instrumenten (Schlagzeug, Bandcoaching etc.) in Betracht gezogen werden.

UNTERRICHTSZEIT

Die TA-Lärm differenziert danach, zu welcher Uhrzeit Lärmobergrenzen gelten bzw. erreicht werden (6.4. TA-Lärm). Unterschieden wird in tagsüber (6 bis 22 Uhr), nachts (22 bis 6 Uhr) sowie in Sonn-, Feier- und Werktage (Montag bis Samstag). In Wohn- und Kurgebieten gilt ein „Ruhezeitenzuschlag": Hier wird die Nachtzeit verlängert. Sie dauert dann an Werktagen von 20 bis 7 Uhr, an Sonn- und Feiertagen sogar von 20 bis 9 Uhr. Zudem muss in diesen Gebieten auch mittags von 13 bis 15 Uhr Ruhe eingehalten werden.

SCHALLMESSUNG

Die im Info-Kasten genannten Messwerte werden im Streitfall in der Regel durch einen Gutachter gemessen. Bei bebauten Flächen erfolgt die Messung 0,5 Meter außerhalb vor der Mitte des geöffneten Fensters des vom Geräusch am stärksten betroffenen schutzbedürftigen Raums (A 1.3. lit. a) Anhang 1 zur TA-Lärm), also in dem Raum, in dem sich der Nachbar zum Zeitpunkt des Musizierens in der Regel aufhält. Das wird tagsüber in Wohnhäusern das Wohnzimmer, nachts das Schlafzimmer sein. Schutzbedürftig können aber auch Büro- und Unterrichtsräume sein.[4] Maßgeblich ist also nicht, welcher Schall im Haus ankommt und dort zu hören ist, sondern der Schall außerhalb des Hauses (außerhalb vor der Mitte des geöffneten Fensters)!

Info

Immissionsrichtwerte

Die folgenden Messwerte sind als Richtwerte zu verstehen.[3] Einzelne kurzzeitige Geräuschspitzen dürfen die Immissionsrichtwerte am Tag um nicht mehr als 30 dB(A) und in der Nacht um nicht mehr als 20 dB(A) überschreiten (Ziffer 6.1. Satz 2 TA-Lärm). Hierbei handelt es sich um feste Werte.

Immissionsrichtwert tagsüber

Industriegebiete	70 dB(A)
Gewerbegebiete	65 dB(A)
Kern-, Dorf- und Mischgebiete	60 dB(A)
Allgemeine Wohngebiete	55 dB(A)
Reine Wohngebiete	50 dB(A)
Kurgebiete, Krankenhäuser und Pflegeanstalten	45 dB(A)

Immissionsrichtwert nachts

Industriegebiete	70 dB(A)
Gewerbegebiete	50 dB(A)
Kern-, Dorf- und Mischgebiete	45 dB(A)
Allgemeine Wohngebiete	40 dB(A)
Reine Wohngebiete	35 dB(A)
Kurgebiete, Krankenhäuser und Pflegeanstalten	35 dB(A)

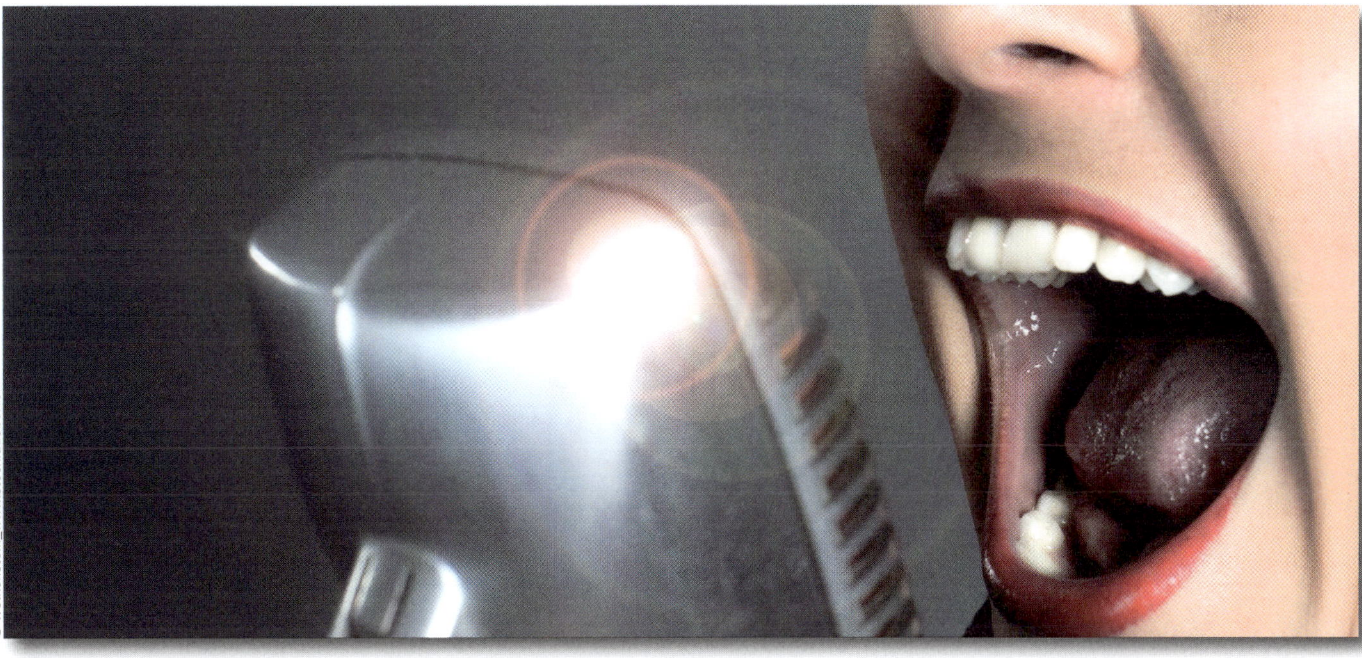

© Wolkenstein_www.stock.adobe.com

Tagsüber erfolgt die Messung über den gesamten Zeitraum (ohne Ruhezeitenzuschlag). Aus dem Ergebnis wird ein Mittelwert gebildet (A.2.3.4 Anhang 1 zur TA-Lärm). Nachts wird ein Stundenmittel gebildet.
Wird die Musikschule in einem Gebäude betrieben, in dem andere Bewohner leben, und fühlen sich diese durch den Unterrichtsschall belästigt, ist das Vorgehen ein anderes. Die Grenzwerte nach der TA-Lärm für Innenemissionen liegen viel geringer. Tagsüber dürfen die Innenimmissionen im schutzbedürftigen Raum des Nachbarn einer Musikschule maximal 35 dB(A) betragen, nachts maximal 25 dB(A) (Ziffer 6.2. TA-Lärm). Gemessen wird hier in dem am stärksten betroffenen schutzbedürftigen Raum (A 1.3. lit. c) Anhang 1 zur TA-Lärm). Diese geringen Grenzwerte (sog. Zimmerlautstärke) gelten für alle Arten von baulichen Gebieten und sind kaum einzuhalten, wenn Musikunterricht erteilt wird.

WAS IST ZU TUN?

Werden die Grenzwerte durch den Betrieb der Musikschule überschritten, besteht Handlungsbedarf. Das gilt auch für alle Lehrkräfte, die in ihren eigenen vier Wänden unterrichten. Nachbarn können dann bauliche Maßnahmen zur Verringerung der Schallimmissionen verlangen. Diese lassen sich in vielen Fällen wirksam durchführen, sind allerdings häufig kostenintensiv. Dies gilt insbesondere für die Eindämmung von Körperschall. Dies ist Schall, der sich in einem Festkörper ausbreitet, also z. B. in den Bauteilen eines Gebäudes.

Sofern erstmalig nach einen Standort für eine Musikschule gesucht wird oder die Möglichkeit zu einem Ortswechsel besteht, ist es ratsam, gezielt einen Standort zu suchen, an dem die Schallgrenzwerte hoch liegen (z. B. ein Gewerbegebiet), der aber trotzdem für eine Musikschule attraktiv ist. Neben der Prüfung, um was für eine Art von Gebiet es sich handelt, sollte auch bei der Stadt oder Gemeinde eine Erkundigung eingeholt werden, ob der Charakter des Gebiets (noch) der ursprünglichen Ausweisung entspricht. Ist ein solcher Standort nicht zu finden, müssen bauliche Maßnahmen eingeplant werden, um den Schallpegel nach außen so gering zu halten, dass die vorgeschriebenen Grenzwerte eingehalten werden.
Vergessen werden darf aber auch nicht die Innenschallentwicklung. Halten sich tagsüber noch andere Parteien im Gebäude auf, sind die vorgegebenen Werte oft nur schwer einzuhalten. Das gilt insbesondere für privat unterrichtende Musiklehrkräfte, die in Miet- oder Eigentumswohnungen in Mehrparteienhäusern leben. Musikschulen werden in solchen Situationen bauliche Maßnahmen ergreifen müssen, damit andere Menschen im Gebäude durch den Unterricht nicht gestört werden. Für Privatlehrkräfte ist die Anmietung von einem günstiger gelegenen Unterrichtsraum oft die einzige Lösung. Aufgrund der zusätzlichen Kosten ist nun aber häufig der Unterricht nicht mehr wirtschaftlich.
Erwogen werden könnte dann, ob passende Räume mit anderen PrivatmusiklehrerInnen zusammen angemietet werden können oder ob Räume in günstigerer Lage genutzt werden können, die nachmittags und abends leer stehen und daher für geringeres Entgelt vermietet werden.
Ist unklar, ob Grenzwerte überschritten werden, hilft es immer, zunächst mit den Betroffenen zu sprechen. Oft lässt sich durch die Kommunikation von Unterrichtszeiten an Nachbarn und die Nachfrage nach regulären Abwesenheitszeiten schon viel Konfliktpotenzial beseitigen. Ist der Konflikt bereits offen ausgebrochen, kann eine Mediation hilfreich sein. Allerdings sollte hier noch eine Einigungsbereitschaft beider Seiten bestehen. Schwierig wird eine Einigung, wenn bereits Unterlassungsklage gegen den Musikschulbetreiber oder die Privatmusiklehrkraft eingereicht wurde (§ 541 BGB bzw. § 1004 BGB). Prinzipiell wäre als letztes Mittel auch möglich, dass das Bauamt ein Nutzungsverbot für das Betreiben einer Musikschule ausspricht, wenn davon auszugehen ist, dass auch durch schalldämmende Maßnahmen die Grenzwerte nicht eingehalten werden können. Es lohnt sich daher, den Unterricht möglichst vor einem Konflikt in geeignete Räume zu verlagern. ▮

1 www.verwaltungsvorschriften-im-internet.de/bsvwvbund_26081998_IG19980826.htm (Stand: 5.2.2025).
2 vgl. Landmann/Rohmer: *Umweltrecht*, C. H. Beck, München 2023, TA Lärm 1, Rz 21.
3 vgl. Landmann/Rohmer: *Umweltrecht*, C. H. Beck, München 2023, TA Lärm 6, Rz 16.
4 vgl. Landmann/Rohmer: *Umweltrecht*, C. H. Beck, München 2023, TA Lärm 6, Rz 17.

Angestellt oder frei?

Lehrkräfte beschäftigen – aber wie?

In Musikschulen wurden Lehrkräfte lange Zeit überwiegend als Honorarkräfte beschäftigt. Problematisch war (und ist) dabei, dass leicht die folgenreiche Grenze zur Scheinselbstständigkeit überschritten werden kann. Spätestens seit dem sogenannten „Herrenberg-Urteil" des Bundessozialgerichts aus dem Jahr 2022[1] verändert sich die Beschäftigungsstruktur an Musikschulen. In diesem Kapitel erläutere ich die Vor- und Nachteile beider Beschäftigungsmodelle, gehe auf arbeitsrechtliche Vorschriften sowie auf den Tarifvertrag für den öffentlichen Dienst ein und weise auf sinnvolle Regelungen in Honorarverträgen zur Vermeidung von Scheinselbstständigkeit hin.

ANGESTELLTE LEHRKRÄFTE

Musikschullehrkräfte als Arbeitnehmer und Arbeitnehmerinnen zu beschäftigen, hat viele Vorteile. Zum einen können den Mitarbeitern von der Musikschulleitung umfassende Vorgaben gemacht werden, wie die Arbeit gestaltet werden soll. Man nennt dies das Direktionsrecht des Arbeitgebers, der umfassend bestimmen kann, wie, wo, wann, was und eventuell mit wem die Arbeitsleistung zu erfolgen hat. Daraus folgt, dass z. B. ein Qualitätsmanagement hinsichtlich des Angebots der Musikschule umgesetzt werden kann. Oder: Eine Zusammenarbeit der MitarbeiterInnen kann von der Leitung initiiert werden, sodass Synergien entstehen können.
Die gesetzlichen Vorschriften und die lang fortentwickelte Rechtsprechung des Arbeitsrechts bzw. der Arbeitsgerichte stellen aber auch einen gewissen Grad an rechtlicher Verlässlichkeit her, was zu einem ausgeglicheneren und faireren Umgang zwischen Musikschulleitung und den Mitarbeitern untereinander führen kann. Unter Umständen können sich die Lehrkräfte daher mit den Zielen und mit der Musikschule besser identifizieren. In Zeiten, in denen Musikschulen nach Lehrkräften suchen, kann ein faires Miteinander dazu führen, dass Musikschulen für Lehrkräfte als Beschäftigungsort attraktiver werden und Mitarbeiter der Musikschule eventuell auch länger zur Verfügung stehen.

HONORARKRÄFTE

Wegen der offenkundigen Vorteile, die eine Beschäftigung der Musikschullehrkräfte als Arbeitnehmer und Arbeitnehmerinnen bietet, drängt sich die Frage auf, weshalb Musikschulen Lehrkräfte dann als Honorarkräfte beschäftigen. Aus praktischer Sicht spricht für die Beschäftigung von Honorarkräften z. B. die Flexibilität bezüglich des Vertragsumfangs und der Kündigung.
Während für Arbeitskräfte recht strenge Regelungen dazu gelten, wie der Beschäftigungsumfang (also die Wochenstundenzahl) verändert werden kann (z. B. durch Flexiklauseln im Arbeitsvertrag), bestehen bei Honorarkräften hinsichtlich der Verringerung des Lehrumfangs oder auch der Beendigung der Zusammenarbeit fast keine gesetzlichen Einschränkungen. Für Honorarkräfte gibt es – im Gegensatz zu Arbeitnehmern – keinen Kündigungsschutz, etwa bei Schwangerschaft, nach der Geburt, in der Elternzeit oder bei Schwerbehinderung. Dadurch ist es der Musikschule recht leicht möglich, die Zusammenarbeit mit Lehrkräften einzuschränken oder zu beenden, um z. B. Unterrichtsfächer mit größeren Nachfrageschwankungen nur gelegentlich anzubieten.
Auch sind die Kosten für Honorarkräfte für Musikschulen einfach zu kalkulieren. Da für Honorarkräfte keine Tarifverträge gelten, steigen sie weder in andere Gehaltsstufen auf noch erhöhen sich die Honorare nach einer Tarifrunde. Die Honorare werden vielmehr frei verhandelt. Darüber hinaus ist der Abrechnungsaufwand von Honoraren erheblich geringer als die Lohnbuchhaltung für Angestellte. Eine Entgeltfortzahlung bei Krankheit oder Urlaub kann von der Honorarkraft nicht beansprucht werden, vielmehr ist nur zu ho-

© Daniel Ernst_www.stock.adobe.com

norieren, was auch von der Honorarkraft tatsächlich unterrichtet wurde. Darüber hinaus sind die Sozialabgaben, die Musikschulen belasten, für Honorarkräfte geringer: Lediglich die Künstlersozialabgabe von rund fünf Prozent ist auf die Honorare zu berechnen.
Zu erwähnen ist auch, dass Honorarkräfte in der Musikschule im Gegensatz zu Arbeitskräften keine betrieblichen Mitbestimmungsrechte (Betriebsrat) zustehen. Honorarkräfte genießen auch nicht die für Arbeitnehmer gesetzlich vorgesehene Haftungserleichterung (innerbetrieblicher Schadensausgleich), wenn sie im Zusammenhang mit ihrer Tätigkeit Schäden verursachen.
Insgesamt spricht für Musikschulbetreiber also viel dafür, Lehrkräfte als freie Mitarbeiter zu beschäftigen. Demgegenüber steht allerdings das Risiko der Scheinselbstständigkeit, das für Musikschulen existenzielle Folgen haben kann. Darauf werde ich weiter unten ausführlich eingehen.

Zusammenfassung

Welche Art der Beschäftigung ein Musikschulbetreiber für seine Lehrkräfte wählen sollte, hängt von mehreren Faktoren ab. Sowohl die Festanstellung als auch die Beschäftigung von Honorarkräften hat Vor- und Nachteile. Grundsätzlich ist es auch möglich, gleichzeitig angestellte Lehrkräfte und Honorarkräfte zu beschäftigen und die Art der Beschäftigung für jede Lehrkraft individuell zu betrachten.

STELLENAUSSCHREIBUNG

Eine Stellenausschreibung möchte potenzielles Personal ansprechen und zu einer Bewerbung bewegen. Gesetzliche Regelungen, die den Inhalt einer Stellenausschreibung vorgeben, bestehen nicht. Zu beachten ist allerdings: Die Formulierungen dürfen keine Diskriminierungen aufgrund von Geschlecht, Alter, ethnischer Herkunft, Religion oder sexueller Orientierung enthalten.
Informieren sollte die Stellenausschreibung z. B. über die Art des Arbeitsplatzes, die fachlichen und persönlichen Voraussetzungen, die von den BewerberInnen erwartet werden, und über die Vergütung. Zudem sollte eine Bewerbungsfrist angegeben sein.

Tipp

Zulässige Fragen im Bewerbungsgespräch

Als Faustformel für die Zulässigkeit von Fragen des Arbeitgebers an den Arbeitnehmer gilt:
Je enger die Frage mit der beruflichen Sphäre zusammenhängt, desto eher ist sie erlaubt, je enger sie mit der Privatsphäre des Arbeitnehmers zusammenhängt, desto eher ist sie unzulässig.

BEWERBUNGSGESPRÄCH

Grundsätzlich muss sich ein Arbeitgeber selbst über die BewerberInnen informieren. Es gibt jedoch Umstände, die der Bewerber oder die Bewerberin im Bewerbungsgespräch von sich aus zu offenbaren hat und über die der Arbeitgeber nach dem Grundsatz von Treu und Glauben eine Mitteilung erwarten darf,[2] z. B. im Fall einer Krankheit oder Behinderung, die die Einsatzfähigkeit auf der ausgeschriebenen Stelle erheblich herabsetzt.[3]

ARBEITSVERTRAG

Grundsätzlich kann ein Arbeitsvertrag formfrei abgeschlossen werden (§ 126 Abs. 1 BGB). Das Nachweisgesetz (NachwG) verpflichtet den Arbeitgeber jedoch, sofern kein schriftlicher Arbeitsvertrag abgeschlossen wurde die „wesentlichen Bestimmungen des Arbeitsvertrages“ spätestens einen Monat nach dem vereinbarten Beginn niederzuschreiben, zu unterzeichnen und dem Arbeitnehmer auszuhändigen (§ 2 Abs. 1 NachwG). Diese Niederschrift darf nicht in elektronischer Form (z. B. per E-Mail) erfolgen. Zum Schutz des Arbeitnehmers müssen die in nebenstehender Checkliste genannten Punkte in einer Niederschrift aufgeführt bzw. in einem Arbeitsvertrag geregelt werden.

Verpflichtende Angaben (laut Nachweisgesetz)

- ❒ Namen und Anschriften der Vertragsparteien
- ❒ Datum, an dem das Arbeitsverhältnis beginnt
- ❒ Bei befristeten Arbeitsverhältnissen: voraussichtliche Dauer des Arbeitsverhältnisses und Zeitpunkt der Beendigung
- ❒ Dauer einer gegebenenfalls vereinbarten Probezeit
- ❒ Arbeitsort oder, wenn der Arbeitnehmer bzw. die Arbeitnehmerin nicht nur an einem bestimmten Arbeitsort arbeiten soll, Angabe, dass er oder sie an verschiedenen Orten beschäftigt werden kann, falls zutreffend: Wahlmöglichkeit des Arbeitsorts
- ❒ Kurze Charakterisierung oder Beschreibung der vom Arbeitnehmer oder der Arbeitnehmerin zu verrichtenden Tätigkeiten (insbesondere: Welches Instrument wird unterrichtet?)
- ❒ Zusammensetzung und Höhe des Entgelts, einschließlich etwaiger Zuschläge, Zulagen, Überstundenvergütung, Prämien und Sonderzahlungen sowie sonstiger Entgeltbestandteile, deren Fälligkeit und Auszahlungsbedingungen
- ❒ Vereinbarte Arbeitszeiten, einschließlich etwaiger Schichtsysteme, der Möglichkeit der Anordnung von Überstunden und Pausenzeiten sowie gegebenenfalls Angaben zur Rufbereitschaft
- ❒ Dauer des Jahresurlaubs
- ❒ Gegebenenfalls Anspruch auf Pflichtfortbildungen oder sonstige vom Arbeitgeber bereitgestellte Fortbildungen
- ❒ Informationen über den Versorgungsträger für die betriebliche Altersversorgung, sofern angeboten
- ❒ Die jeweiligen Kündigungsfristen für die Beendigung des Arbeitsverhältnisses und für die Erhebung einer Kündigungsschutzklage
- ❒ Hinweis auf die für Kündigungen erforderliche Schriftform
- ❒ Allgemeiner Verweis auf die anwendbaren Tarifverträge, Betriebs- oder Dienstvereinbarungen und sonstigen Regelungen

Pflichten des Arbeitgebers

Wurde das Arbeitsverhältnis wirksam abgeschlossen, ergeben sich eine Vielzahl von Pflichten für den Arbeitgeber und den Arbeitnehmer. Der Arbeitgeber hat als Hauptpflicht, dem Arbeitnehmer den vereinbarten Lohn zu zahlen. Auch muss er dem Arbeitnehmer mindestens 20 Tage bezahlten Urlaub gewähren, sofern die wöchentliche Arbeitszeit auf fünf Tage in der Woche verteilt ist (§§1 und 3 Bundesurlaubsgesetz). Wenn die Arbeit auf weniger Wochentage verteilt ist, besteht ein anteiliger Urlaubsanspruch.
Darüber hinaus haben Arbeitgeber die Pflicht, ihre Arbeitnehmer zu schützen und auf ihre Gesundheit Rücksicht zu nehmen, was sich aus zahlreichen Rechtsvorschriften und Urteilen ergibt. Zum Beispiel haben Arbeitnehmer bei unverschuldeter Arbeitsunfähigkeit infolge von Krankheit für die Dauer von sechs Wochen einen Anspruch auf Entgeltfortzahlung (§ 3 Abs. 1 Satz 1 „Gesetz über die Zahlung des Arbeitsentgelts an Feiertagen und im Krankheitsfall“, Entgeltfortzahlungsgesetz).
Ebenso ist der Arbeitgeber dazu verpflichtet, Sozialabgaben und Lohnsteuer abzuführen. Er ist auch Beitragsschuldner (§ 28e Sozialgesetzbuch (SGB) IV). Das Versäumnis dieser Pflicht, z. B. wenn der Beschäftigte scheinselbstständig ist, kann schwerwiegende Konsequenzen haben. Genauer wird hierauf weiter unten im Zusammenhang mit dem Thema Scheinselbstständigkeit eingegangen.
Der Mitarbeiter oder die Mitarbeiterin muss vom Arbeitgeber gemäß den arbeitsvertraglichen Vereinbarungen eingesetzt werden. So müssen etwa die vereinbarten Arbeitszeiten eingehalten werden. Flexible Arbeitszeiten müssen ausdrücklich vereinbart werden. Aber auch bei letzteren ist die rechtzeitige Vereinbarung der Dienstzeiten zwischen dem Arbeitgeber und seinen Arbeitnehmern erforderlich.
Darüber hinaus besteht unter anderem die Pflicht des Arbeitgebers, die Daten des Arbeitnehmers ausreichend zu schützen.[4] Zudem muss der Arbeitgeber dem Arbeitnehmer das notwendige Arbeitsgerät (also z. B. das Unterrichtsinstrument, ein Tablet, Materialien etc.) zur Verfügung zu stellen. Setzt die angestellte Lehrkraft zum Unterrichten eigene Gegenstände ein, z. B. Instrumente, kann im Schadensfall ein Ersatzanspruch gegen die Musikschule bestehen (siehe Lese-Tipp auf Seite 21).

Pflichten des Arbeitnehmers

Arbeitnehmer sind in erster Linie zur Erbringung der Arbeitsleistung verpflichtet (§ 611 BGB). Der Arbeitnehmer verpflichtet sich außerdem zur höchstpersönlichen Erbringung der Arbeitsleistung. Für Arbeitnehmerinnen und Arbeitnehmer in Musikschulen bedeutet dies, dass die vertraglich vereinbarte Leistung in persona erbracht werden muss.
Angestellte Lehrkräfte müssen ihre Arbeitgeber über vorhandene und drohende Schäden in ihrem Arbeitsbereich informieren, damit dieser Maßnahmen zur Schadensabwendung ergreifen kann. Außerdem unterstehen sie einem Wettbewerbsverbot gegenüber der Musikschule (§ 60 Absatz 1 Handelsgesetz-

Einwurf

Direktionsrecht

Über das sogenannte Direktionsrecht ist der Arbeitgeber berechtigt,

- die Art der Arbeitsleistung festzulegen (im vom Arbeitsvertrag vereinbarten Rahmen),
- zu bestimmen, wo gearbeitet wird (in der Regel in der Musikschule),
- die Einhaltung der Arbeitszeit zu fordern (in der Regel max. acht Stunden täglich).

buch HGB). Zu Schwierigkeiten kann es also kommen, wenn die Arbeitnehmerlehrkraft neben ihrer Arbeit in der Musikschule zusätzlich privat unterrichten möchte. Zu beachten ist, dass die Lehrkraft mit ihrem Angebot der Musikschule in ihrem Einzugsbereich keine Konkurrenz machen darf. Konfliktentschärfend kann eine realistische territoriale Eingrenzung des Einzugsbereichs der Musikschule im Vertrag wirken.

Lese-Tipp

Schaden ohne Ersatz?

Im Instrumentalunterricht verwenden (Musikschul-)Lehrkräfte überwiegend ihre eigenen, meist sehr hochwertigen Instrumente. Selbstverständlich kann es passieren, dass diese Instrumente durch eigene Unachtsamkeit der Lehrerinnen und Lehrer beschädigt oder gar zerstört werden. Muss die Musikschule ihren Angestellten für solche Schäden Ersatz leisten?

Frank Bauchrowitz: „Schaden ohne Ersatz? Wer ersetzt den Schaden am eigenen Instrument beim Unterrichten an der Musikschule?", in: *üben & musizieren* 2/2023, Seite 46

Recht & Versicherung

Schaden ohne Ersatz?

Wer ersetzt den Schaden am eigenen Instrument beim Unterrichten an der Musikschule?

Schwieriger juristisch korrekt umsetzbar sind Wettbewerbsverbote, die nach Beendigung des Arbeitsverhältnisses gelten sollen (§§ 74ff. HGB, § 110 Gewerbeordnung GewO). Die entsprechenden Vertragsklauseln sind häufig unwirksam. Oft wird nicht beachtet, dass mit dem Arbeitnehmer hierfür ein Ausgleich z. B. in Form einer Abfindung vereinbart werden muss. Zudem sind die Verbote oft nicht klar genug formuliert.
Weitere Pflichten können durch den Tarifvertrag für den öffentlichen Dienst (TVöD) geregelt werden, sofern dieser gilt (siehe unten).

BEENDIGUNG VON ARBEITSVERHÄLTNISSEN

Eine Kündigung muss immer schriftlich durch ein unterschriebenes Schriftstück erfolgen (§ 623 BGB in Verbindung mit § 126 Abs. 1 BGB). Eine E-Mail ist nicht ausreichend. Aus der Kündigung muss klar hervorgehen, dass das Arbeitsverhältnis nicht aufrechterhalten werden soll, und sie muss der anderen Vertragspartei zugehen. Ein Kündigungsgrund muss nicht genannt werden. Die andere Vertragspartei hat jedoch bei fristlosen Kündigungen einen Anspruch auf Bekanntgabe der Gründe (§ 626 Abs. 2 Satz 3 BGB). Ist im Betrieb ein Betriebs- bzw. Personalrat vorhanden, muss dieser vom Arbeitgeber angehört werden, bevor er eine Kündigung ausspricht (§ 102 Betriebsverfassungsgesetz).
Sowohl der Arbeitgeber als auch der Arbeitnehmer haben bei der Kündigung des Arbeitsverhältnisses Kündigungsfristen einzuhalten. Handelt es sich um ein unbefristetes Arbeitsverhältnis, so betragen die gesetzlichen Kündigungsfristen für den Arbeitgeber vier Wochen bis sieben Monate zum Monatsende und für den Arbeitnehmer höchstens einen Monat zum Monatsende (§ 620 Abs. 2 BGB in Verbindung mit § 622 BGB). Während einer vereinbarten Probezeit (in der Regel höchstens sechs Monate) kann das Arbeitsverhältnis mit einer Frist von zwei Wochen gekündigt werden (§622 Abs. 3 BGB). Sofern für den Vertrag der TVöD gilt, gelten andere Kündigungsfristen (siehe unten).
Ein Arbeitsverhältnis kann auch ohne Einhaltung einer Kündigungsfrist aus einem „wichtigen Grund" gekündigt werden (§626 BGB). Ob eine fristlose Kündigung wirksam ist, unterliegt immer einer Einzelfallbeurteilung. Eine juristische Beratung ist sowohl für den Arbeitgeber vor Ausspruch der Kündigung als auch für den Arbeitnehmer bei Erhalt einer fristlosen Kündigung ratsam.

Info

Kündigungsschutzgesetz

Unter bestimmten Voraussetzungen wird die Kündigung für den Arbeitgeber durch das Kündigungsschutzgesetz (KSchG) erschwert. Die Voraussetzungen dafür, dass dieses für eine Kündigung gilt, sind:

1. Mehr als zehn beschäftigte Arbeitnehmer im Betrieb (ohne Auszubildende) (§ 23 Abs. 1 S. 2 und 3 KSchG).

2. Der Arbeitnehmer, dem gekündigt werden soll, muss mindestens seit sechs Monaten im Betrieb ohne Unterbrechung beschäftigt gewesen sein (§ 1 KSchG).

Bei der Feststellung der Zahl der beschäftigten Arbeitnehmer sind teilzeitbeschäftigte Arbeitnehmer mit einer regelmäßigen wöchentlichen Arbeitszeit von nicht mehr als 20 Stunden mit 0,5 und nicht mehr als 30 Stunden mit 0,75 zu berücksichtigen.
Ist das KSchG anwendbar, ist die Kündigung nur dann wirksam, wenn besondere Gründe gegeben sind, die in der Person oder dem Verhalten des Arbeitnehmers liegen oder in dringenden betrieblichen Erfordernissen (§ 1 Abs. 2 KSchG). Bei verhaltensbedingten Kündigungen ist vor einer Kündigung eine erfolglose Abmahnung notwendig.
Das KSchG schützt darüber hinaus bestimmte Personengruppen, denen nur unter erschwerten Bedingungen gekündigt werden kann. Das betrifft z. B. Mitglieder des Betriebs- bzw. Personalrats, Schwangere und Arbeitnehmerinnen im Mutterschutz sowie Schwerbehinderte und Auszubildende.
Der Arbeitnehmer kann daher bei Zweifeln hinsichtlich der oben genannten Kündigungskriterien Kündigungsschutzklage erheben, die auf „Feststellung des Fortbestehens des Arbeitsverhältnisses zum Zeitpunkt des Zugangs der Kündigung" gerichtet ist. Die Klagefrist beträgt drei Wochen ab Zugang der schriftlichen Kündigung (§ 4 Abs. 1 KSchG).

Befristete Verträge

Arbeitsverträge können auch auf eine bestimmte Dauer befristet werden. Sie laufen dann nach Ende der Befristung einfach aus. Befristete Verträge bieten Arbeitgebern oft ein höheres Maß an Flexibilität hinsichtlich der Personalplanung. Für Arbeitnehmer und Arbeitnehmerinnen führt eine Befristung zu der Unsicherheit, ob ihr Arbeitsverhältnis am Ende der Befristungszeit weiterläuft oder ob sie den Betrieb verlassen müssen.

Zu unterscheiden sind Befristungen mit und ohne Sachgrund. Eine Befristung *ohne* Sachgrund kann vereinbart werden, sofern der Arbeitnehmer mit dem Arbeitgeber noch nie in einem Arbeitsverhältnis stand (§ 14 Absatz 2 Teilzeit- und Befristungsgesetz TzBfG). Die Möglichkeit, ein Arbeitsverhältnis zu befristen, ist auf maximal zwei Jahre beschränkt. Ist sie für eine kürzere Zeit vereinbart, kann das Arbeitsverhältnis bis zur Dauer von insgesamt zwei Jahren insgesamt drei Mal befristet verlängert werden. Per Tarifvertrag kann die Anzahl der Verlängerungen und die Gesamtdauer der Befristung über zwei Jahre hinaus verlängert werden. Ist die Anzahl der Verlängerungen bzw. die Gesamtdauer der Befristung ausgeschöpft, kann der Arbeitnehmer nur mit einem unbefristeten Vertrag weiterbeschäftigt werden.

Die Befristung von Verträgen *mit* Sachgrund ist aus Sicht des Arbeitgebers einfacher möglich. Das Gesetz (§ 14 Abs. 1 TzBfG) zählt zahlreiche sachliche Gründe für eine Befristung auf, z. B. wenn der betriebliche Bedarf an der Arbeitsleistung nur vorübergehend besteht, der Arbeitnehmer zur Vertretung eines anderen Arbeitnehmers beschäftigt wird, die Eigenart der Arbeitsleistung die Befristung rechtfertigt und andere. Die oben genannten Einschränkungen hinsichtlich der Gesamtdauer und der Verlängerungen gelten dann nicht.

Minijob

Eine geringfügige Beschäftigung bzw. ein sogenannter Minijob liegt vor, wenn monatlich höchstens 556 Euro bzw. jährlich 6 672 Euro verdient werden (§ 8 Abs. 1 Nr. 1 SGB IV). Diese Monatsverdienstgrenze darf bis zu zwei Mal im Jahr „ausnahmsweise" und „unvorhersehbar" überschritten werden, und zwar jeweils max. bis zu 100 Prozent und auch nur, wenn dadurch die Jahresgrenze nicht überschritten wird (Geringfügigkeits-Richtlinien 2023, Seite 48 f.). Wird die Lehrtätigkeit in einer Musikschule als Minijob ausgeübt und bleibt die Lehrkraft unter der genannten Grenze, so muss sie für die Einnahmen aus diesem Job keine Steuern zahlen. Diese führt der Arbeitgeber in Form von Pauschalen ab. Minijobs sind rentenversicherungspflichtig. Eine Befreiung von dieser Pflicht wird aber auf Antrag gewährt.

TARIFVERTRAG FÜR DEN ÖFFENTLICHEN DIENST

Besonderheiten im Bereich des Arbeitsrechts entstehen, wenn der Tarifvertrag für den öffentlichen Dienst (TVöD) für das Arbeitsverhältnis gilt. Der TVöD gilt für Beschäftigte bei Bund und Kommunen (§ 1 Abs. 1 TVöD),[5] also auch für Lehrkräfte, die bei kommunalen Musikschulen angestellt sind. Zuweilen wird auch in privaten Musikschulen auf den Tarifvertrag Bezug genommen. Der TVöD gilt wie ein Rahmenvertrag, der in vielen Punkten die Regelungen in Arbeitsverträgen vorbestimmt.

Vergütung nach dem TVöD

Die wichtigsten Parameter im Vergütungssystem des TVöD sind Gruppen und Stufen: Es gibt 16 Entgeltgruppen (1-15 und 15Ü) mit Untergruppen (§§ 12ff. TVöD). Musikschullehrkräfte mit Hochschulabschluss werden in der Regel in die Entgeltgruppe 9b eingruppiert, ohne Hochschulabschluss in 9a. Außerdem wird zwischen sechs Stufen unterschieden: zwei Grundstufen (Stufen 1-2) und vier Entwicklungsstufen (Stufen 3-6) (§§ 16f. TVöD). Die Einstufung ist abhängig von der Dauer der Tätigkeit in derselben Entgeltgruppe beim selben Arbeitgeber. Der Aufstieg in die nächsthöhere Stufe richtet sich nach der Dauer der Berufserfahrung beim selben Arbeitgeber. So wird die Entgeltstufe 2 nach einem Jahr in der Entgeltstufe 1 erreicht. Die Entgeltstufe 3 nach zwei Jahren in der Entgeltstufe 2, die Entgeltstufe 4 nach 3 Jahren in Stufe 3 etc.

Zusätzlich wird eine Jahressonderzahlung ausgezahlt (§ 20 TVöD). Eine Entgeltfortzahlung erfolgt im Krankheitsfall für maximal sechs Wochen (§ 22 Abs. 1.TVöD). Danach stockt der Arbeitgeber das Krankengeld auf das Nettogehalt auf. Zudem gibt es Leistungsentgelte (§ 18 TVöD). Hier muss der Arbeitgeber eine bestimmte Lohnauszahlungssumme zur Verfügung stellen, die dann nach zuvor festgelegten Leistungskriterien anteilig an die Mitarbeiter ausgezahlt wird.

Urlaubsanspruch nach dem TVöD

Musikschullehrkräfte haben nach § 26 TVöD einen besonderen Urlaubsanspruch. Dieser beträgt, sofern die Arbeitszeit auf fünf Tage in der Woche verteilt ist, 30 Tage im Kalenderjahr. Ansonsten besteht ein Urlaubsanspruch nach der Quote der wöchentlichen Arbeitstage. Musikschullehrkräfte müssen ihren Urlaub in den Schulferien des entsprechenden Bundeslandes nehmen (TVöD, Anlage D.7 Nr. 3).

Arbeitszeit nach dem TVöD

Lehrkräfte sind vollbeschäftigt, wenn sie 30 Unterrichtsstunden à 45 Minuten pro Woche unterrichten (TVöD, Anlage D.8 Nr. 2 Absatz 1). Das entspricht 22,5 Zeitstunden. Wer teilzeitbeschäftigt ist, erhält daher ein Gehalt, das sich anteilig aus einer wöchentlichen Unterrichtszeit von 30 Unterrichtsstunden errechnet. Feiertage müssen nicht nachgearbeitet werden.

Allerdings bestimmt der TVöD ausdrücklich (TVöD, Anlage D.8 Nr. 2 Protokollerklärung zu Absatz 1), dass in dieser Arbeitszeitberechnung bereits bestimmte Aufgaben als sogenannte Zusammenhangstätigkeiten mitberücksichtigt wurden und diese deshalb zusätzlich zu leisten sind (siehe Info-Kasten). Da die allgemeine Wochenarbeitszeit nach § 6 TVöD zurzeit 39 Zeitstunden beträgt, eine Vollzeitkraft aber nur mit 22,5 Zeitstunden Unterricht belastet ist, können die Zusammenhangstätigkeiten prinzipiell bis zu 16,5 Stunden pro Woche angesetzt werden.

Kündigungsfristen nach dem TVöD

Bis zum Ende des sechsten Monats seit Beginn des Arbeitsverhältnisses beträgt die Kündigungsfrist zwei Wochen zum Monatsende. Nach diesem Zeitraum verlängert sich die Kündigungsfrist auf einen Monat zum Monatsende. Wurde der Arbeitnehmer mehr

Info

Zusammenhangstätigkeiten

- Vor und Nachbereitung des Unterrichts (Unterrichtskonzeption)
- Abhalten von Sprechstunden
- Teilnahme an Schulkonferenzen und Elternabenden
- Teilnahme am Vorspiel der Schülerinnen und Schüler, soweit dieses außerhalb des Unterrichts stattfindet
- Mitwirkung an Veranstaltungen der Musikschule (z. B. Orchesteraufführungen)
- Mitwirkung an Wettbewerben
- Teilnahme an Musikschulfreizeiten am Wochenende und in den Ferien

Einwurf

Ferienüberhang

Ein Faktor, der die wöchentliche Gesamtarbeitszeit über 39 Stunden hinaus erhöht, ist der sogenannte Ferienüberhang. In den Schulferien sind Musikschulen in der Regel geschlossen. Der tarifliche Urlaub wird damit meistens überschritten. Viele Musikschulen lassen ihre Lehrkräfte diese Zeiten nacharbeiten. Das geschieht, indem die reguläre Unterrichtsstundenzeit für Vollzeitkräfte von 30 Wochenstunden à 45 Minuten auf 32 bis 35 Wochenstunden erhöht wird. Dies ist nach der Rechtsprechung des Bundesarbeitsgerichts möglich, sofern weder das Gehalt gekürzt noch die tarifliche Arbeitszeit von 30 Stunden zu 45 Minuten im Durchschnitt des tarifvertraglichen Ausgleichszeitraums überschritten wird.[6]

als ein Jahr beschäftigt, kann nur noch zum Quartalsende gekündigt werden. Zusammengefasst gelten sowohl für den Arbeitgeber als auch für den Arbeitnehmer bei einem unbefristeten Arbeitsverhältnis folgende Kündigungsfristen (§ 34 Abs. 1 TVöD):

Kündigungsfrist (jeweils zum Quartalsende) bei einer Beschäftigungszeit von
- mehr als einem Jahr: 6 Wochen
- mindestens 5 Jahren:3 Monate
- mindestens 8 Jahren: 4 Monate
- mindestens 10 Jahren: 5 Monate
- mindestens 12 Jahren: 6 Monate

Handelt es sich um ein befristetes Arbeitsverhältnis, gelten folgende Kündigungsfristen (§ 30 Abs. 5 TVöD):

Kündigungsfrist bei einer Beschäftigungszeit von
- mehr als 6 Monaten: 4 Wochen zum Monatsende
- mehr als einem Jahr: 6 Wochen zum Monatsende
- mehr als 2 Jahren: 3 Monate zum Quartalsende
- mehr als 3 Jahren: 4 Monate zum Quartalsende

Arbeitsverhältnisse von Beschäftigten, die das 40. Lebensjahr vollendet haben, können nach einer Beschäftigungszeit von mehr als 15 Jahren vom Arbeitgeber nur noch aus wichtigem Grund gekündigt werden (gilt für Tarifgebiet West). Ansonsten sind sie unkündbar (§ 34 Abs. 2 TVöD).

ARBEITNEHMER VS. HONORARKRAFT

Honorarkräfte bzw. sogenannte Freie Mitarbeiter sind keine Arbeitnehmer, sondern Selbstständige. Für sie gelten viele der vorgestellten Regelungen des Arbeitsrechts deshalb nicht. Die Abgrenzung zwischen Arbeitnehmern und Honorarkräften ist in der Praxis allerdings häufig nicht einfach. In einer Musikschule gibt es oft kaum Unterschiede in dem, was angestellte und freie Musiklehrkräfte tun. Die Einordnung hat aber weitreichende Folgen. Wird beispielsweise nach sozialrechtlichen Grundsätzen festgestellt, dass die Honorarkraft faktisch die Voraussetzungen eines Arbeitnehmers erfüllt (= Scheinselbstständigkeit), ist sie auch als solcher zu behandeln. Das bedeutet in der Regel, dass die Musikschule rückwirkend Sozialversicherungsbeiträge zahlen muss. Das Bundessozialgericht (BSG Urteil vom 28.06.2022 B 12 R 3/20 R) hat daher folgenden Beurteilungsgrundsatz entwickelt:

> „Ob jemand abhängig beschäftigt oder selbstständig tätig ist, hängt davon ab, welche Merkmale überwiegen. Maßgebend ist stets das Gesamtbild der Arbeitsleistung. [...] Die Zuordnung einer Tätigkeit nach deren Gesamtbild [...] setzt voraus, dass alle nach Lage des Einzelfalls als Indizien in Betracht kommenden Umstände festgestellt, in ihrer Tragweite zutreffend erkannt und gewichtet, in die Gesamtschau mit diesem Gewicht eingestellt und nach den Gesetzen der Logik entsprechend und widerspruchsfrei gegeneinander abgewogen werden."

Dieser Beurteilungsgrundsatz lässt im Einzelfall viel Spielraum und kaum vorhersehbare Ergebnisse zu. Die Spitzenverbände der Gesetzlichen Krankenversicherungen, der Deutschen Rentenversicherung Bund und der Bundesagentur für Arbeit haben daher 2023 die Beurteilungsmaßstäbe präzisiert (siehe Info-Kasten). Der Fokus liegt auf dem Grad der „Eingliederung" in den Musikschulbetrieb. Je mehr der Gesamteindruck der Tätigkeit der als Honorarkraft beschäftigten Lehrkraft hierfür spricht, desto mehr muss von einer Arbeitnehmertätigkeit (also Scheinselbstständigkeit) ausgegangen werden.
Als Kriterien für Weisungsfreiheit, unternehmerische Freiheit, Chancen und Risiken nennt die Deutsche Rentenversicherung:
- Es bestehen nur allgemeine inhaltliche Vorgaben.
- Es besteht Mitbestimmung der Honorarkraft hinsichtlich Unterrichtsort und -zeit.
- Die Honorarkraft beteiligt sich an den Kosten, z. B. für Unterrichtsräume.

Info

Merkmale der Scheinselbstständigkeit

Folgende Merkmale sprechen für eine Eingliederung der Lehrkräfte in den Musikschulbetrieb, bei Honorarkräften also für eine Scheinselbstständigkeit:[7]

- Die Lehrkraft hat eine Pflicht zur persönlichen Arbeitsleistung (kann sich also nicht z. B. durch externe Lehrkräfte vertreten lassen).
- Für die Lehrkraft werden bestimmte Unterrichtszeiten und Unterrichtsräume (einzelvertraglich oder durch Stundenpläne) durch die Schule/Bildungseinrichtung festgelegt.
- Die Lehrkraft hat keinen Einfluss auf die zeitliche Gestaltung der Lehrtätigkeit.
- Die Lehrkraft hat eine Meldepflicht für Unterrichtsausfall aufgrund eigener Erkrankung oder sonstiger Verhinderung.
- Die Lehrkraft erhält ein Ausfallhonorar für unverschuldeten Unterrichtsausfall.
- Die Lehrkraft ist zur Vorbereitung und Durchführung gesonderter Schülerveranstaltungen verpflichtet.
- Die Lehrkraft ist zur Teilnahme an Lehrer- und Fachbereichskonferenzen oder ähnlichen Dienst- oder Fachveranstaltungen der Schuleinrichtung verpflichtet (dem steht eine hierfür vereinbarte gesonderte Vergütung nicht entgegen).
- Für die Lehrkraft geht selbstgestalteter Unterricht auf der Grundlage von Lehrplänen als Rahmenvorgabe nicht mit typischen unternehmerischen Freiheiten einher. Die zwar insoweit bestehende inhaltliche Weisungsfreiheit kennzeichnet die Tätigkeit insgesamt nicht als eine in unternehmerischer Freiheit ausgeübte Tätigkeit, insbesondere wenn
  - keine eigene betriebliche Organisation besteht und eingesetzt wird,
  - kein Unternehmerrisiko besteht,
  - keine unternehmerischen Chancen bestehen, weil z. B. die gesamte Organisation des Schulbetriebs in den Händen der Schuleinrichtung liegt und keine eigenen Schüler akquiriert und auf eigene Rechnung unterrichtet werden können sowie die geschuldete Lehrtätigkeit nicht durch Dritte erbracht werden kann.

Einwurf

Vermeidung von Scheinselbstständigkeit

Neben einer juristischen Beratung sollten folgende Maßnahmen zur Vermeidung einer Scheinselbstständigkeit ergriffen werden:

- Ehrliche Überprüfung von Verträgen und Abläufen in der Musikschule mit dem Fokus auf die dargestellten Kriterien.
- Gegebenenfalls Anpassung von Verträgen und disziplinierte Vertragsumsetzung. Nur wenn ein Honorarvertrag nach den zuvor genannten Kriterien auch praktisch durchgeführt („gelebt") wird, kann Scheinselbstständigkeit verhindert werden!
- Ständiges Überprüfen und Hinterfragen der eigenen Betriebsstrukturen im Hinblick auf die Erfüllung der Selbstständigkeitskriterien der Honorarkräfte: Wird durch diese neue Maßnahme bzw. neue Aufgabe der Lehrkraft eine Eingliederung in die Musikschule naheliegender? Dann sollte die Änderung nicht erfolgen.

- Dritte können als Vertretung eingesetzt werden.
- Es besteht die Möglichkeit der Honorarkraft zur Akquise von Schülern und Unterrichtung auf eigene Rechnung.
- Die Vergütung der Honorarkraft ist abhängig von variablen Elementen.
- Die Honorarkraft erhält kein Ausfallhonorar.
- Es besteht keine Verpflichtung der Lehrkraft zur Vorbereitung und Durchführung gesonderter Schülerveranstaltungen.
- Es besteht keine Verpflichtung der Honorarkraft zur Teilnahme an Lehrer- und Fachbereichskonferenzen o. Ä.
- Es besteht keine Meldepflicht der Honorarkraft für Unterrichtsausfall.

Tipp

Prognoseverfahren der Deutschen Rentenversicherung

Vor Abschluss eines Honorarvertrags ist die Durchführung eines Prognoseverfahrens möglich, mit dem von der Deutschen Rentenversicherung eine Einschätzung eingeholt werden kann (§7a Abs. 4a SGB IV). In vielen Fällen ist ein solches Vorgehen ratsam.

Nochmals zur Erinnerung, was im oben zitierten Urteil des BSG festgestellt wurde: „Ob jemand abhängig beschäftigt oder selbstständig tätig ist, hängt davon ab, welche Merkmale überwiegen. Maßgebend ist stets das Gesamtbild der Arbeitsleistung." Das bedeutet, dass nicht alle der hier genannten Merkmale vorliegen müssen, um eine Scheinselbstständigkeit auszuschließen.

Feststellung der Scheinselbstständigkeit

Wer den Status eines Arbeitnehmers hat, muss auch als Arbeitnehmer beschäftigt werden und genießt alle vom Gesetz vorgesehenen Vorteile. Wenn ein Arbeitgeber einen Arbeitnehmer dennoch wie einen Selbstständigen (also wie eine Honorarkraft) behandelt, so gilt der Arbeitnehmer als scheinselbstständig. Stellt die zuständige Bundesversicherungsanstalt für Angestellte (BfA) diesen Umstand bei einer ihrer Betriebsprüfungen fest, so muss der Arbeitgeber die Arbeitnehmer gegebenenfalls sozialversichern und Beiträge nachzahlen. Dies gilt auch rückwirkend (mindestens für die zurückliegenden vier Jahre), was viele Arbeitgeber in große finanzielle Schwierigkeiten bringt (siehe Lese-Tipp). Daher sollte man bei der Beschäftigung von Honorarkräften rechtlichen Rat einholen. Erwogen werden sollte auch, ob eine Umstellung auf Arbeitsverträge möglich ist.

Lese-Tipp

Scheinselbstständige Honorarkräfte

Nach wie vor besteht an Musikschulen große Angst davor, dass freie Mitarbeiterinnen und Mitarbeiter bzw. Honorarlehrkräfte als scheinselbstständig eingestuft werden. Aber was bedeutet Scheinselbstständigkeit genau? Und mit welchen Folgen in arbeitsrechtlicher, sozialrechtlicher und steuerrechtlicher Hinsicht haben Musikschulen und Honorarkräfte zu rechnen, wenn eine Einstufung als scheinselbstständig erfolgt?

Frank Bauchrowitz: „Unterschätzte Gefahr. Scheinselbstständige Honorarkräfte an Musikschulen – Risiken und Nebenwirkungen, Teil 1", in: *üben & musizieren* 4/2023, Seite 34-36

Frank Bauchrowitz: „Gravierende Folgen. Scheinselbstständige Honorarkräfte an Musikschulen – Risiken und Nebenwirkungen, Teil 2", in: *üben & musizieren* 5/2023, Seite 38-40

Info

Weiterbeschäftigungsform bis Ende 2026 klären

Anfang 2025 wurde eine Gesetzesänderung beschlossen, mit der hinsichtlich der Scheinselbstständigkeitsproblematik eine Übergangsregelung bis Ende 2026 geschaffen wurde. Stellt demnach ein Versicherungsträger (z. B. im Rahmen eines Statusfeststellungsverfahrens) bis dahin fest, dass für eine Lehrkraft eine Sozialversicherungspflicht besteht, gilt diese erst ab dem 01.01.2027 (§ 127 Abs. 1 Sozialgesetzbuch IV neue Fassung). Eine rückwirkende Pflicht zur Nachzahlung von Sozialversicherungsbeiträgen besteht nicht, sofern „die Vertragsparteien bei Vertragsschluss übereinstimmend von einer Selbstständigkeit ausgegangen sind" und die betroffene Lehrkraft zustimmt.
Lehrkräfte, deren selbstständige Unterrichtstätigkeit als scheinselbstständig und damit sozialversicherungspflichtig eingestuft wird, können also noch bis zum 31.12.2026 ohne weitere sozialrechtliche Folgen unverändert tätig bleiben. Spätestens zum 01.01.2027 muss allerdings geklärt sein, ob und gegebenenfalls in welcher veränderten rechtlichen Form die Weiterbeschäftigung erfolgen soll.

VERTRÄGE FÜR FREIE MITARBEITER

Aufgrund des Risikos, dass bereits die Gestaltung eines Honorarvertrags die Voraussetzungen der Scheinselbstständigkeit erfüllt, sollte in jedem Fall für einen solchen Vertrag die Hilfe eines Rechtsanwalts in Anspruch genommen werden. Generell enthält ein Honorarvertrag folgende Punkte:

Vertragsgegenstand

Zu Beginn des Vertrags wird meist ausdrücklich vermerkt, dass das Beschäftigungsverhältnis aufgrund freier Mitarbeit erfolgt und kein Arbeitsverhältnis begründet werden soll. Außerdem wird oft darauf hingewiesen, dass der Mitarbeiter für sozialversicherungsrechtliche und steuerrechtliche Aspekte selbst verantwortlich ist. Ebenfalls folgt hier oft ein

© Swaroop_www.stock.adobe.com

Achtung: Ist eine Honorarkraft zur Teilnahme an Lehrer- und Fachbereichskonferenzen verpflichtet, ist dies ein erstes Kriterium für Scheinselbstständigkeit

Hinweis, dass der Mitarbeiter keinen Weisungen des Auftraggebers bei der Ausführung seiner Tätigkeit unterliegt und auch für andere Musikschulen oder für eigene Privatschüler tätig sein darf. Weiterhin sollte aber auch der Inhalt und Umfang der Tätigkeit aufgeführt werden.

Vergütung und Abrechnung

Bei der Vergütung sollte aufgeführt werden, was der Mitarbeiter pro tatsächlich gegebener Unterrichtseinheit für ein Honorar erhält und dass der Mitarbeiter hierüber Rechnungen zu stellen hat – und gegebenenfalls wie oft. Honorarkräfte und Musikschulen sollten bei der Kalkulation bedenken, dass Honorarkräfte ausgefallenen Unterricht (z. B. wegen längerer Krankheit und Schwangerschaft, Nichterscheinen des Schülers, Ferien, Feiertage etc.) nicht vergütet bekommen. Entsprechend sollte das Honorar ausreichend hoch ausfallen. Zugunsten der Musikschule kann bei der Kalkulation berücksichtigt werden, dass für Honorarkräfte für einige Zusammenhangstätigkeiten (z. B. Konferenzen) keine Verpflichtung besteht.

Unterrichtszeit und Unterrichtsort

Da der freie Mitarbeiter keinem Direktionsrecht des Auftraggebers unterliegt, sollte ausdrücklich festgeschrieben werden, dass die Lehrkraft ihren Unterricht grundsätzlich an einem beliebigen Ort zu einer beliebigen Zeit geben darf. Da dies selbstverständlich auf praktische Probleme in der Organisation der Musikschule stößt, wird oft ergänzt, dass die Zeit- und Ortsbestimmung des Unterrichts im Interesse der Musikschüler nach den „organisatorischen Möglichkeiten" der Musikschule zu erfolgen hat und „in der Regel" in den dann aufzuführenden Zeitfenstern und Orten zu erfolgen hat. Regelungen können auch über die Gruppenstärke bzw. die Anzahl der Einzelstunden getroffen werden.

> *„Die Honorarkraft sollte so wenig wie möglich Einschränkungen durch die Musikschule unterliegen."*

Vertragsdauer und Kündigung

Des Weiteren sollten Beginn und die Dauer des Vertrags (in der Regel unbefristet) geregelt werden. Eine Verbindlichkeit dieser Vereinbarung besteht dann allerdings faktisch nicht, da der Auftraggeber die Unterrichtsstunden jederzeit beschränken kann.
Da es für die freie Mitarbeit keine gesetzlichen Kündigungsfristen gibt, sollte eine Kündigungsfrist (z. B. für beide Seiten acht Wochen zum Ende des Unterrichtshalbjahres) vereinbart werden. Nur so erhalten beide Vertragsparteien ausreichende Planungssicherheit. Musikschulbetreiber sollten die Kündigungsfrist des Honorarvertrags mit der Kündigungsfrist in den Unterrichtsverträgen abstimmen. Damit auch die Lehrkraft ein Minimum an Sicherheit hat, sollten Regelungen hinsichtlich der Kürzung von Stunden getroffen werden, z. B. mit welcher Frist sie von der Musikschule angekündigt werden müssen.

Abwerbung von Schülerinnen und Schülern

Nicht selten versuchen die Auftraggeber von Honorarkräften, durch entsprechende Klauseln im Vertrag zu verhindern, dass eine Honorarkraft z. B. nach deren Ausscheiden aus der Musikschule Schüler abwirbt. Solche Klauseln sind in vielen Fällen unwirksam, da die Möglichkeit zum eigenständigen Unterrichten von Schülerinnen und Schülern gerade typisches Merkmal des unternehmerischen Risikos von Honorarkräften ist.

Sonstige Regelungen

Weiterhin werden in Honorarverträgen oft Klauseln eingefügt

- hinsichtlich der Haftung der Lehrkraft,
- in Bezug auf die Anforderungen an Lehrkräfte, die die Honorarkraft beim Unterrichten vertreten,
- zur Freistellung der Musikschule hinsichtlich von Schadenersatzansprüchen Dritter bei Verstößen der Lehrkraft gegen das Urheberrecht sowie
- Verfallklauseln, Regelungen hinsichtlich der Schweigepflicht, des Datenschutzes und der Herausgabepflicht von Gegenständen.

1 Bundessozialgericht, B 12 R 3/20 R.
2 Bundesarbeitsgericht, 2 AZR 449/90.
3 Bundesarbeitsgericht, 2 AZR 101/83.
4 siehe Kapitel „DSGVO & Co." auf Seite 12 ff.
5 Eine aktuelle Fassung des TVöD-V kann hier heruntergeladen werden: www.vka.de/tarifvertraege-und-richtlinien/tarifvertraege/tvoed (Stand: 29.1.2025).
6 Bundesarbeitsgericht, 2 AZR 371/94, 2 AZR 428/94 und 2 AZR 429/94.
7 vgl. „Besprechung des GKV-Spitzenverbandes, der Deutschen Rentenversicherung Bund und der Bundesagentur für Arbeit über Fragen des gemeinsamen Beitragseinzugs am 04.05.2023 in Berlin", www.deutsche-rentenversicherung.de/DRV/DE/Experten/Arbeitgeber-und-Steuerberater/summa-summarum/Besprechungsergebnisse/besprechungsergebnisse.html (Stand: 24.2.2025).

Abgesichert

Unterrichtsverträge – die Grundlage für den Musikschulbetrieb

© romanets_v_www.stock.adobe.com

Der Unterrichtsvertrag soll sicherstellen, dass die Musikschule bzw. die Lehrkraft die Vergütung für den Unterricht erhält und möglichst wenig Konflikte zwischen den Parteien entstehen. Mit anderen Worten: Er soll die wirtschaftliche Grundlage der Musikschule sicherstellen und den Lehrkräften die Konzentration auf das Kerngeschäft ermöglichen – das möglichst reibungslose Unterrichten. Der Unterrichtsvertrag ist daher besonders wichtig.

Die Möglichkeiten, Unterrichtsverträge zu gestalten, sind vielfältig. Viele Verbände und andere Institutionen stellen Muster zur Verfügung. Diese sind jedoch nicht in allen Fällen empfehlenswert und auch nicht immer aktuell. Zudem kommt es oft vor, dass Musikschulen solche Vertragsmuster aufgrund einer anders gelebten Praxis in einzelnen Punkten ändern (müssen) und der Vertrag dadurch unbemerkt an anderen Stellen widersprüchlich wird. Eine rechtskundige Überprüfung ist dann empfehlenswert. Nachfolgend werden nur grundsätzliche Regelungen vorgestellt, die für die Planung eines Vertragsformulars hilfreich sein können.

VERTRAGSPARTEIEN

Der Unterrichtsvertrag sollte zunächst klar regeln, wer die Parteien des Vertrags sind. Auf Musikschulseite ist dies bei Einzelunternehmerschaft der Inhaber oder die Inhaberin der Musikschule. Das gilt selbst verständlich auch für Personen, die alleine als Lehrkräfte tätig sind. Hat die Musikschule eine Rechtsform (also z. B. eine GbR, gUG, eingetragener Verein etc.), so ist die Vertragspartei die Gesellschaft bzw. der Verein, vertreten durch die vertretungsberechtigten Organe bzw. einen Geschäftsführer oder eine Geschäftsführerin.
Auf Schülerseite ist darauf zu achten, dass die vertragsschließende Person bereits volljährig ist, da das Geschäft ansonsten schwebend unwirksam wäre, das heißt der Vertrag ist erst dann gültig, sobald die Erziehungsberechtigten ihm zugestimmt haben (§§ 104, 106, 2 BGB).

UNTERRICHTS-MODALITÄTEN

Diese Modalitäten des Unterrichts sollten im Vertrag genau festgeschrieben werden:

- Was wird unterrichtet: welches Instrument und gegebenenfalls welche Stilrichtung?
- Wo soll der Unterricht stattfinden: bei der Lehrkraft, dem Schüler oder anderswo?
- In welcher organisatorischen Form findet der Unterricht statt: als Einzel- oder Gruppenunterricht mit minimal und maximal bis zu wie vielen SchülerInnen?
- Wie lange dauert eine Unterrichtseinheit: 30, 45, 60 oder 90 Minuten?
- Wie oft findet der Unterricht pro Woche statt?
- Wann findet der Unterricht statt und wie wird der Unterrichtstermin angeglichen?

Für den Unterrichtsort und die Unterrichtszeit sollte ausdrücklich geregelt werden, dass diese im zumutbaren Rahmen (auch dauerhaft) unter bestimmten Voraussetzungen verändert werden können. Nur so erlangt die Musiklehrkraft die notwendige Flexibilität.
Eine Regelung sollte auch für den Fall vereinbart werden, dass sich die Zeitgestaltung des Schülers oder der Schülerin, z. B. durch Wechsel des Schulstundenplans, verändert und wie dann eine Terminabstimmung erfolgen kann. Die Lehrkraft geht ansonsten das Risiko ein, dass der Schüler oder die Schülerin ein außerordentliches Kündigungsrecht erlangt.

Tipp

Onlineunterricht vertraglich zulassen

Aufgrund der Erfahrungen aus dem Jahr 2020 ist es empfehlenswert, Bestimmungen dazu in den Vertrag aufzunehmen, was in besonderen Fällen des Unterrichtsausfalls – beispielsweise aus infektionsschutzrechtlichen Gründen – geschehen soll. Es könnte etwa das Recht der Musiklehrkraft bzw. der Musikschule festgeschrieben werden, dass die Verpflichtung zum Unterrichten auch kontaktlos mittels eines digitalen Mediums erfüllt werden kann.

VERTRAGSLAUFZEIT

In einem Unterrichtsvertrag sollte festgelegt werden, wann der Vertrag beginnt und wann die erste Unterrichtseinheit stattfindet, um den Zeitpunkt der Zahlungspflicht zu bestimmen (§§ 611. Abs. 1, 614 BGB). Geregelt werden sollte auch, ob der Vertrag befristet (also für eine bestimmte Zeit) oder unbefristet laufen soll.

Befristete Verträge laufen grundsätzlich bis zum Ablauf der Vertragslaufzeit.

Ab Vertragsschluss wäre grundsätzlich eine Bindung von bis zu 24 Monaten möglich (§ 309 Nr. 9 lit. a BGB). Musikunterrichtsverträge greifen aber recht stark in die Freizeitgestaltung des Schülers oder der Schülerin ein. Zudem ist Musikunterricht in der Regel mit vergleichsweise hohen Kosten verbunden. Eine übermäßig lange Bindung könnte daher gegen Treu und Glauben verstoßen (§ 307 Abs. 1 BGB). Eine Verkürzung der maximal möglichen Erstlaufzeit auf sechs bis max. zwölf Monate sollte den Besonderheiten der Situation hingegen ausreichend gerecht werden. Dieser Zeitraum stellt einen Kompromiss dar zwischen den Interessen des Schülers bzw. der Schülerin und der Planungssicherheit sowie den wirtschaftlichen Interessen der Lehrkraft bzw. Musikschule.
Die automatische Verlängerung der Laufzeit eines befristeten Vertrags ist seit März 2022 nur noch möglich, wenn kein Verlängerungszeitraum (Folgelaufzeit) mehr angegeben wird, sondern nur dann, wenn das Vertragsverhältnis „auf unbestimmte Zeit" verlängert wird (§ 309 Nr. 9 lit. b BGB). Wer weiterhin eine definierte Vertragslaufzeit haben möchte, kann aber schon während der Laufzeit eines Vertrags einen neuen Vertrag über eine weitere Laufzeit abschließen.

Unbefristete Verträge laufen bis zu ihrer Kündigung.

Seit dem 1. März 2022 darf die Kündigungsfrist generell nicht mehr als einen Monat betragen (§ 309 Nr. 9 lit. b BGB). Für Verträge, die bis zum 28. Februar 2022 abgeschlossen wurden, gelten diese Einschränkungen nicht. Eine Kündigungsfrist von einem Monat ist eine taggenaue Kündigungsfrist. Es kann nicht mehr vereinbart werden, dass eine Kündigung erst zum Ende eines Monats wirksam wird.
Außerdem sollte Textform (z. B. E-Mail, Textnachricht etc.) für die ordentliche Kündigung vereinbart werden. Dies schafft Beweisklarheit und erhöht zudem die Hemmschwelle der Vertragspartner der Musikschule, eine Kündigung auszusprechen.

Zusammenfassung

Die Kündigungsfrist von einem Monat gilt also

- für befristete Verträge, die sich automatisch in einen unbefristeten Vertrag verlängern würden, die aber zum Ende ihrer Erstlaufzeit gekündigt werden.
- für Verträge, die zunächst befristet waren und dann in einen unbefristeten Vertrag übergegangen sind.
- für Verträge, die von Anfang an als unbefristet abgeschlossen waren.

AUSSERORDENTLICHE KÜNDIGUNG

In bestimmten Fällen kann ein Unterrichtsvertrag auch von beiden Seiten fristlos „aus wichtigem Grund" gekündigt werden (§ 626 BGB). Diese Kündigungsmöglichkeit verliert aber wegen der verkürzten ordentlichen Kündigungsfristen an Bedeutung. Die Musikschule bzw. die Lehrkraft kann aus wichtigem Grund kündigen, wenn der Vertragspartner im Zahlungsverzug ist oder der Schüler bzw. die Schülerin den Lehrbetrieb nachhaltig stört.
Zu den anerkannten Kündigungsgründen für die Vertragspartner der Musikschule gehört zum Beispiel eine langfristige Krankheit der Lehrkraft. Weitere Gründe wären zu häufige Ausfälle bzw. zu häufige Terminverlegungen durch die Musikschule oder die Lehrkraft. Die Über- und Fehleinschätzung der eigenen Lernbereitschaft und Lernfähigkeit, der persönlichen Belastbarkeit und der intellektuellen Fähigkeiten hat dagegen der Schüler bzw. die Schülerin zu verantworten. Hier ist in der Regel kein Kündigungsgrund gegeben (BGH NJW 1984, 1531).

VERTRAGSSCHLUSS ÜBER EINE WEBSITE

Wurde der Vertrag über eine Website abgeschlossen, muss der Vertragspartner den Vertrag auf dem gleichen Wege auch wieder kündigen können (§ 312k BGB). Hierfür muss der Anbieter der Unterrichtsleistungen dem Vertragspartner mittels einer „Kündigungsschaltfläche" eine einfache Kündigungsmöglichkeit zur Verfügung stellen, deren Ausgestaltung im Gesetz genau beschrieben ist. Der Kündigungsbutton muss den Vertragspartner unmittelbar zu einer Bestätigungsseite führen, auf der der Verbraucher dann die durch das Gesetz vorgegebenen Angaben zu sich selbst, zum Vertrag und zur Kündigung machen können muss. Außerdem ist auf dieser Seite ein eindeutig gekennzeichneter Bestätigungsbutton verpflichtend, mit dem die Kündigung final ausgelöst werden kann. Darüber hinaus gibt es weitere Vorgaben zur Kündigung über die Kündigungsschaltfläche (§ 312k BGB).
Werden die Schaltflächen und die Bestätigungsseite nicht entsprechend den gesetzlichen Vorgaben zur Verfügung gestellt, kann der Verbraucher einen Vertrag, der online abgeschlosen wurde, jederzeit und ohne Einhaltung einer Kündigungsfrist kündigen.

Einwurf

Widerrufsbelehrung bei digitalem Vertragsabschluss

Werden Verträge zwischen einem Unternehmer (Musiklehrkraft oder Musikschule) und einem Verbraucher (MusikschülerInnen bzw. deren Erziehungsberechtigte) ausschließlich auf digitalem Weg abgeschlossen, gilt grundsätzlich, dass eine Belehrung über die Widerrufsmöglichkeiten des Vertrags (Widerrufsbelehrung) erfolgen muss (§§ 312g, 355 BGB). Ein Widerrufsrecht für Verbraucher besteht für Verträge jedoch nicht (§ 312g Abs. 2 Satz 1 Nr. 9 BGB),

- wenn die zu erbringenden Dienstleistungen im Zusammenhang mit Freizeitbetätigungen stehen und
- wenn der Vertrag für die Erbringung einen spezifischen Termin oder Zeitraum vorsieht.

Das bedeutet, soweit Unterrichtsleistungen mit einem festgelegten Termin oder Zeitraum vereinbart werden, besteht kein Widerrufsrecht und der Vertrag ist sofort bindend. Hierauf muss vor Vertragsschluss hingewiesen werden!

VERGÜTUNG

Ausgangspunkt für das Unterrichtshonorar sollte bei befristeten Verträgen immer die gesamte Vertragslaufzeit sein; bei unbefristeten Verträgen z. B. ein definiertes Unterrichtshalbjahr. Dieses Gesamthonorar sollte dem Vertragspartner mitgeteilt werden; dann sollte ihm die Möglichkeit eingeräumt werden, dass er das Honorar in monatlich gleichen Raten zahlt. Wenn kein Unterricht stattfindet, entsteht nämlich auch kein Anspruch auf die Vergütung. Das wird bedeutsam, wenn der Unterricht aufgrund von Schulferien oder gesetzlichen Feiertagen ausfällt. Diese Unterbrechungen hätten bereits in der Kalkulation des Unterrichtsentgelts berücksichtigt werden müssen (OLG Frankfurt, 6 U 209/90,LG Nürnberg-Fürth vom 23.02.2000; Az.: 3 O 540/99). Wird hingegen, wie oben beschrieben, von einem Honorar für die gesamte Laufzeit des Vertrags ausgegangen, dann wurde dem Schüler der Preis für den gesamten Zeitraum bekanntgegeben und die Unterbrechungen sind im Gesamthonorar mit einkalkuliert.
Offengelegt werden muss auch, von welchem Mindestunterrichtsanspruch für einen bestimmten Zeitraum die Kalkulation ausgeht. Pro Unterrichtshalbjahr sind z. B. 18 Termine eine gute Kalkulationsbasis. Es sollte sodann geregelt werden, dass bei einer Unterschreitung der Mindestterminanzahl eine anteilige Entgelterstattung erfolgt. Für eine Überschreitung der Mindeststundenzahl sollte dementsprechend eine Nachberechnungsmöglichkeit am Ende der Abrechnungsperiode mit dem Vertragspartner vereinbart werden. Problematisch kann in diesem Zusammenhang werden, dass eine Kündigung von Verträgen seit März 2022 nicht nur zum Ende eines Kalendermonats möglich ist, sondern auch zu jedem anderen Termin. Dies macht es in der Regel erforderlich, für den letzten Vertragsmonat eine Anteilsberechnung zu erstellen.

Vergütungshöhe und -fälligkeit

Die Monatsvergütung für den Unterricht sollte auf keinen Fall zu niedrig angesetzt werden. Beispielsweise die Landesverbände des Deutschen Tonkünstlerverbands geben regelmäßig Honorarstandards für Lehrkräfte heraus, an denen man sich orientieren kann. Einbeziehen sollte man allerdings auch die Ortsüblichkeit der Höhe der Unterrichtshonorare. Unbedingt vereinbart werden sollte, wann das Honorar fällig wird. Hier reichen die Varianten von „zum Ersten des Monats im Voraus" bis „innerhalb der ersten zehn Tage des Monats". Danach richtet sich auch, wann der Vertragspartner in Verzug gerät (§ 286 Abs. 2 Nr. 1 BGB). Ab diesem Zeitpunkt hat er Zinsen und Rechtsverfolgungskosten zu zahlen.

Info

Aufbewahrungsfristen

Die Aufbewahrungspflicht für Unterlagen beginnt mit dem Schluss des Kalenderjahres, in dem die letzte Eintragung in die Unterlage erfolgt ist (§ 257 Abs. 5 Handelsgesetzbuch). Bei Verträgen das Jahr des Vertragsendes.

- 10 Jahre: Inventare, Jahresabschlüsse und Steuerbescheide
- 8 Jahre: Buchungsbelege und Rechnungen
- 6 Jahre: Verträge, empfangene Handels- oder Geschäftsbriefe, Wiedergaben von versandten Handels- oder Geschäftsbriefen, sonstige Unterlagen, die für die Besteuerung von Bedeutung sind (z. B. Mahnungen, Preislisten)

Von GbR bis gUG

Welche Rechtsform ist für meine Musikschule passend?

Oftmals entsteht eine privat geführte Musikschule aus der unternehmerischen Tätigkeit einer einzelnen Lehrkraft. Im besten Fall übersteigt irgendwann die Nachfrage die vorhandenen Unterrichtskapazitäten. Meist wird dieser Mehrbedarf zunächst durch Honorarkräfte abgedeckt. Da die administrativen Herausforderungen der Einzelunternehmung wachsen, beginnen Lehrkräfte über rechtliche Zusammenschlüsse nachzudenken, z. B. die Gründung einer Gesellschaft bürgerlichen Rechts (GbR), einer Gesellschaft mit beschränkter Haftung (GmbH) oder eines Vereins. Doch was sind die jeweiligen Vor- und Nachteile dieser Rechtsformen?

EINZELUNTERNEHMUNG

Das Einzelunternehmen – die selbstständige unternehmerische Betätigung einer Person – ist die in Deutschland am häufigsten gewählte Rechtsform.

Vorteile

Die Einzelunternehmung ist wegen ihrer unkomplizierten Strukturen attraktiv. Die Gründung erfolgt durch die Anmeldung der selbstständigen Unterrichtstätigkeit beim Finanzamt. Darüber hinaus ist ein Antrag bei der Künstlersozialkasse notwendig, um die eigene Sozialversicherungspflicht zu klären. Ein bestimmtes Mindestkapital muss man nicht vorweisen, weitere Eintragungen sind in der Regel nicht nötig.[1]
Ein weiterer Vorteil der Einzelunternehmung ist die alleinige Entscheidungsgewalt der Einzelunternehmerin über alle Vorgänge in ihrem Unternehmen. Sie muss sich nicht mit Partnern oder Kontrollorganen abstimmen, wenn sie Honorarkräfte für den Unterricht beauftragen, ihre Musikschule ausstatten oder bestimmte Projekte angehen möchte. Die Einzelunternehmerin genießt also viele Freiheiten bei der Gestaltung ihrer Musikschule.
Darüber hinaus gehört der Gewinn, den die Musikschule erwirtschaftet, allein der Einzelunternehmerin. Sie kann diesen für den eigenen Lebensunterhalt entnehmen und muss ihn mit niemandem teilen. Auch über Art und Höhe der Investitionen für die Musikschule kann die Einzelunternehmerin alleine entscheiden.
Ein weiterer Vorteil: Es besteht keine Bilanzierungspflicht für die Einzelunternehmerin. Sie kann ihren Gewinn in den meisten Fällen vereinfacht über eine Einnahmenüberschussrechnung ermitteln. Die Zusammenarbeit mit weiteren Lehrkräften erfolgt in der Regel über Honorarverträge, neuerdings auch vermehrt über Arbeitsverträge, z. B. in Form von geringfügiger Beschäftigung.

Nachteile

Ein Nachteil der Einzelunternehmerschaft ist, dass die Einzelunternehmerin mit ihrem gesamten Privatvermögen auch für betriebliche Handlungen haftet. Schlimmstenfalls kann es zur Privatinsolvenz der Einzelunternehmerin kommen, wenn diese ihre (betrieblichen) Verbindlichkeiten nicht mehr bedienen kann, bei MusikschulinhaberInnen also insbesondere Mietkosten, Kredit- bzw. Abzahlungsraten z. B. für Instrumente sowie Honorare und Löhne für Lehrkräfte. Die Einzelunternehmerin ist daher laufend einem finanziellen Risiko ausgesetzt.

GESELLSCHAFT BÜRGERLICHEN RECHTS

Eine Gesellschaft bürgerlichen Rechts (GbR) (auch BGB-Gesellschaft genannt) ist eine Personengesellschaft. Sie entsteht, sobald sich mehrere Personen zu einem gemeinsa-

Zusammenfassung

Eine als Einzelunternehmung geführte Musikschule ist einfach, kostengünstig und unkompliziert zu gründen und zu führen, sie gibt der Betreiberin viele Freiheiten und Gestaltungsmöglichkeiten und ihr erzielter Gewinn steht voll für die Lebenshaltung zur Verfügung. Über den Umfang von Investitionen kann die Betreiberin selbst entscheiden. Diesen Vorteilen steht lediglich das nach dem Einzelfall zu beurteilende Haftungsrisiko der Betreiberin gegenüber.

men Zweck zusammenschließen, also z. B. gemeinsam eine Musikschule betreiben, um damit Gewinn zu erwirtschaften. Seit 2024 besteht die Möglichkeit (aber nicht die Pflicht), eine GbR im Gesellschaftsregister einzutragen. Die GbR muss in diesem Fall zwingend den Rechtsformzusatz „eingetragene Gesellschaft bürgerlichen Rechts“ oder „eGbR“ im Rechtverkehr führen.

Haftung

Das Bürgerliche Gesetzbuch (BGB) sieht umfangreiche Regelungen für Gesellschaften bürgerlichen Rechts vor. Und obwohl es nicht notwendig ist, dass die Gesellschafter einen schriftlichen Vertrag abschließen, der ihre individuellen Vorstellungen des Zusammenwirkens regelt, ist dies in vielen Fällen sehr ratsam. Die Gesellschafter einer GbR haften stets persönlich mit ihrem gesamten Privatvermögen für die Verbindlichkeiten der Gesellschaft und können von Dritten statt oder neben der Gesellschaft in Anspruch genommen werden (§§ 721 ff. BGB). Die Haftung der GbR gegenüber Außenstehenden kann nicht beschränkt werden.
Damit bestehen hinsichtlich der Haftung prinzipiell dieselben Probleme wie bei der Einzelunternehmerschaft. Faktisch ist das Haftungsrisiko jedoch sogar noch etwas größer, da jeder Gesellschafter gegenüber Außenstehenden bezüglich der GbR stets vollständig haftet. Dies bedeutet, dass ein Gesellschafter von einem Vertragspartner der GbR vollständig und unbeschränkt in Haftung genommen werden kann. Der Gesellschafter kann sich dann zwar im Innenverhältnis gegenüber den anderen Gesellschaftern um Ausgleich bemühen. Das Risiko, dass ihm dies gelingt, trägt er jedoch selbst.

Beschlussfassung

Beschlüsse werden in der GbR durch die Gesellschafterversammlung getroffen. Sofern nur zwei Gesellschafter an der Gesellschaft beteiligt sind, ist die Willensbildung oft recht einfach möglich. Ab drei oder mehr Gesellschaftern kann eine Entscheidungsfindung jedoch kompliziert werden, denn für jede interne Entscheidung müssen die Gesellschaf-

ter Einstimmigkeit erzielen (§ 714 BGB). Diese Regelung kann in einem Vertrag so abgeändert werden, dass für bestimmte Geschäfte auch eine Mehrheit der Stimmen gilt.
Bis Ende 2023 galt, dass jeder Gesellschafter eine Stimme in der Gesellschafterversammlung hat, wenn nichts anderes durch Vertrag bestimmt wurde. Nunmehr ist vorgesehen, dass die Stimmkraft vorrangig nach den Beteiligungsverhältnissen zu bestimmen ist, sofern es keine anderen vertraglichen Regelungen gibt (§ 709 Abs. 3 Satz 1 BGB)
Für Geschäfte, die die GbR mit Außenstehenden abschließt, gilt eine ähnliche gesetzliche Regelung wie für interne Willensbildung: Alle Gesellschafter müssen jedem Geschäft zustimmen. Das bedeutet in der Praxis, dass z. B. alle Gesellschafter einen Unterrichtsvertrag für die GbR unterzeichnen müssen. Eine Möglichkeit, dies zu vereinfachen, besteht darin, einen Geschäftsführer zu ernennen, der die GbR nach außen vertritt.

Beteiligung

Nach der gesetzlichen Regelung sind die Gesellschafter vorrangig nach ihren Beteiligungsverhältnissen an Gewinn und Verlust beteiligt (§ 709 Abs. 3 Satz 1 BGB). Vertraglich können aber andere Anteile vereinbart werden. Das kann z. B. gewünscht sein, wenn sich die Gesellschafter unterschiedlich stark einbringen. Bestimmt der Vertrag nur den Anteil am Gewinn, so gilt diese Quotelung im Zweifel auch für einen Verlust (§ 709 Abs. 3 BGB).
Die Berechnung des Gewinns bzw. Verlusts findet normalerweise jährlich statt. Allerdings werden die Gesellschafter schon vorher Auszahlungen wünschen, was selbstverständlich auch möglich ist.
Genauso wie ein Einzelunternehmer kann eine GbR Honorarkräfte oder Arbeitnehmer beschäftigen, wenn das Unterrichtsangebot ausgeweitet werden soll.
Zum Gründungsprozess einer GbR gehört eine intensive Auseinandersetzung der Gesellschafter, inwieweit gesetzliche Bestimmungen in einem GbR-Vertrag geändert werden sollen. Eine umfassende rechtliche Beratung zu den Gestaltungsmöglichkeiten ist daher dringend zu empfehlen.

Zusammenfassung

Die GbR ist günstig, wenn sich mehrere Musiklehrkräfte unkompliziert zu einer Musikschule zusammenschließen möchten. Die GbR ist einfach zu gründen und hat weniger administrativen Aufwand als beispielsweise eine GmbH. Die Kosten der Gründung und auch des Betreibens einer GbR sind entsprechend verhältnismäßig gering. Ein Nachteil kann allerdings darin bestehen, dass eine GbR keine Haftungsbeschränkung nach außen hat. Dieses Risiko ist allerdings, vergleichbar der Einzelunternehmerschaft, im Falle der GbR überschaubar.

GESELLSCHAFT MIT BESCHRÄNKTER HAFTUNG

Durch die Wahl der Rechtsform einer Gesellschaft mit beschränkter Haftung (GmbH) kann der Nachteil der Haftung, wie bei Einzelunternehmung bzw. GbR beschrieben, reduziert werden. Unter bestimmten Voraussetzungen ist hier sogar eine Gemeinnützigkeit möglich, die in verschiedener Hinsicht Vorteile bringen kann.
Die GmbH ist eine Unternehmensform und zählt zu den Kapitalgesellschaften. Sie ist eine eigenständige juristische Person, kann also selbst vertragliche Verpflichtungen eingehen und Rechte begründen, klagen und verklagt werden.

- Die Inhaber einer GmbH nennt man Gesellschafter und Gesellschafterinnen. Sie sind Eigentümer der Gesellschaftsanteile.
- Die Gründung ist auch für eine einzelne Person als Gesellschafterin möglich („Ein-Personen-GmbH"). Diese Person ist dann zugleich auch die Geschäftsführerin.
- Mindestens einen Geschäftsführer muss eine GmbH haben (§ 35 GmbH-Gesetz). Geschäftsführer müssen die Geschäfte der GmbH nach den Weisungen der Gesellschafterversammlung und im Rahmen von Gesetz und Satzung führen (§ 37 Abs. 1 GmbH-Gesetz).
- Die GeschäftsführerInnen vertreten die GmbH gerichtlich und außergerichtlich gegenüber Dritten mit unbeschränkter Vertretungsmacht (§ 37 Abs. 2 GmbH-Gesetz).
- Das GmbH-Gesetz bestimmt darüber hinaus, dass GeschäftsführerInnen in Angelegenheiten der GmbH die Sorgfalt eines ordentlichen Geschäftsmannes anzuwenden haben (§ 43 Abs. 1 GmbH-Gesetz).

Voraussetzungen der Gemeinnützigkeit

Soll die GmbH auch als gemeinnützig anerkannt werden, müssen zusätzliche Kriterien erfüllt werden, die in den §§ 52 ff. der Abgabenordnung zu finden sind.

- Die GmbH muss einen „gemeinnützigen, mildtätigen oder kirchlichen Gesellschaftszweck" verfolgen. Bei einer gemeinnützigen Musikschul-GmbH kommt hier insbesondere § 52 Abs. 2 Nr. 5 Abgabenordnung infrage, die „Förderung von Kunst und Kultur".
- Der Unternehmensgegenstand der GmbH muss darauf gerichtet sein, den „steuerbegünstigten Zweck zu verwirklichen". Diese Voraussetzung ist durch das Betreiben einer Musikschule in der Regel unproblematisch gegeben.
- Der Zweck muss das Kriterium der „Selbstlosigkeit" erfüllen. Die Selbstlosigkeit ist in § 55 Abgabenordnung geregelt und stellt zahlreiche Anforderungen an die gemeinnützige Körperschaft (hier also die gGmbH):

– Es dürfen „nicht in erster Linie eigenwirtschaftliche Zwecke" (z. B. gewerbliche oder sonstige Erwerbszwecke) verfolgt werden.
– „Mittel der Körperschaft dürfen nur für die satzungsmäßigen Zwecke verwendet werden. Die Mitglieder oder Gesellschafter dürfen keine Gewinnanteile und keine sonstigen Zuwendungen aus Mitteln der Körperschaft erhalten." Somit dürfen keine Gewinnausschüttungen an GesellschafterInnen erfolgen. GeschäftsführerInnen erhalten allerdings ein angemessenes Gehalt (siehe unten).
– Die Mitglieder dürfen bei ihrem „Ausscheiden oder bei Auflösung oder Aufhebung" der Körperschaft „nicht mehr als ihre eingezahlten Kapitalanteile und den gemeinen Wert ihrer geleisteten Sacheinlagen zurückerhalten". Dies bedeutet, die GesellschafterInnen erhalten in den oben genannten Fällen keine Abfindungen, sondern nur ihre Einlage bzw. den Wert der eingelegten Sachleistungen zurück.
– „Die Körperschaft darf keine Person durch Ausgaben, die dem Zweck der Körperschaft fremd sind, oder durch unverhältnismäßig hohe Vergütungen begünstigen." Hiermit ist gemeint, dass keine Ausgaben durch die gGmbH getätigt werden dürfen, die dem satzungsmäßigen Zweck widersprechen. Auch dürfen Vergütungen, z. B. an den Geschäftsführer der gGmbH, nicht unverhältnismäßig hoch sein.
– Bei Auflösung oder Aufhebung der Körperschaft oder bei Wegfall ihres bisherigen Zwecks darf das „Vermögen der Körperschaft

nur für steuerbegünstigte Zwecke verwendet werden" (Grundsatz der Vermögensbindung). Diese Voraussetzung ist auch erfüllt, wenn das Vermögen einer anderen steuerbegünstigten Körperschaft oder einer juristischen Person des öffentlichen Rechts für steuerbegünstigte Zwecke übertragen werden soll.
– Die Körperschaft muss ihre „Mittel grundsätzlich zeitnah für ihre steuerbegünstigten satzungsmäßigen Zwecke verwenden". Verwendung in diesem Sinne ist auch die Verwendung der Mittel für die Anschaffung oder Herstellung von Vermögensgegenständen, die satzungsmäßigen Zwecken dienen. Eine zeitnahe Mittelverwendung ist gegeben, wenn die Mittel spätestens in den auf den Zufluss folgenden zwei Kalender- oder Wirtschaftsjahren für die steuerbegünstigten satzungsmäßigen Zwecke verwendet werden. Rücklagen dürfen nur unter bestimmten Voraussetzungen gebildet werden (§ 62 Abgabenordnung).

- Der Zweck muss das Kriterium der Ausschließlichkeit erfüllen, welches nach § 56 Abgabenordnung erfüllt ist, wenn die Körperschaft ausschließlich ihre steuerbegünstigten satzungsmäßigen Zwecke verfolgt.
- „Der Zweck muss das Kriterium der Unmittelbarkeit erfüllen." Dieses ist erfüllt, wenn die gGmbH selbst diese Zwecke verwirklicht.

Diese recht umfangreichen Voraussetzungen für eine Anerkennung der Gemeinnützigkeit der GmbH müssen nicht nur bei Gründung, sondern auch kontinuierlich im weiteren Betrieb erfüllt werden. Fällt eine Voraussetzung weg, droht die Aberkennung der Gemeinnützigkeit und damit der zumindest teilweise Verlust der im Folgenden dargestellten Vorteile.

Vorteile einer gGmbH

Ein genereller Vorteil der gGmbH ist die Haftungsbeschränkung. GesellschafterInnen haften nur mit ihrem eingelegten Kapital, nicht mit ihrem Privatvermögen. Dies stellt eine Entlastung für die GesellschafterInnen dar, denn sie gehen nicht das Risiko einer Privatinsolvenz durch den Betrieb ihres Unternehmens ein. Ist die gGmbH insolvent, weil die Verbindlichkeiten (z. B. Gehälter, Honorare, Miete, Leasingraten für Instrumente etc.) nicht mehr bedient werden können, bleibt das Privatvermögen der GesellschafterInnen in aller Regel unangetastet.
In der Außenwirkung kann die gGmbH ebenfalls – in begrenztem Maße – punkten. Unbestritten werden Unternehmen, die anerkanntermaßen gemeinnützig arbeiten, in der Öffentlichkeit positiver wahrgenommen als kommerzielle Unternehmen. Die Bereitschaft, ein gemeinnützig arbeitendes Unternehmen (gegebenenfalls auch ohne Gegenleistung) zu unterstützen, ist generell höher als bei kommerziell arbeitenden Unternehmen.
Wer jedoch das Konstrukt der gGmbH kennt, der weiß, dass auch hier Geschäftsführer vorhanden sind, die von den Einnahmen der gGmbH bezahlt werden. Und die Geschäftsführerin einer Ein-Personen-gGmbH kann als gleichzeitige Gesellschafterin selbst über die Höhe des angemessenen Gehalts entscheiden. Unter Umständen ist die Außenwahrnehmung von Ein-Personen-gGmbH-Musikschulen daher nicht in jedem Fall besser. Gerade bei Musikschulen, die zuvor viele Jahre als Einzelunternehmung agiert haben, ist nach einer Umwandlung in eine gGmbH eine plötzliche Wahrnehmung als gemeinnützige Institution nicht immer uneingeschränkt zu erreichen.

Tipp

Erleichterte Kooperationsmöglichkeiten

Die gemeinnützige GmbH (gGmbH) erleichtert im Vergleich zur Einzelunternehmung die Kooperationsmöglichkeiten mit Kindergärten und Schulen. Während Kooperationen zwischen Schulen bzw. Kindertagesstätten und kommerziellen Unternehmen in der Regel nicht möglich sind, können Kooperationen mit gemeinnützigen Körperschaften, wie z. B. der gGmbH, durchgeführt werden. Dies gilt in der Regel besonders für projektbezogene Zusammenarbeiten. Auch stehen Behörden zur Unterstützung von gemeinnützigen Körperschaften Bezuschussungen aus Fördermitteln zur Verfügung. Diese können dann unter individuellen Voraussetzungen genutzt werden.

Eine gGmbH muss keine Körperschafts- und keine Gewerbesteuer zahlen. Dieser Vorteil besteht allerdings nur im Vergleich zu einer nichtgemeinnützigen GmbH. Auch die Musikschule, die als Einzelunternehmung betrieben wird, ist nicht mit diesen Steuerarten belastet.
Von der Umsatzsteuer ist eine gGmbH in der Regel ebenfalls befreit. Aber auch hier besteht der Vorteil nur gegenüber der nichtgemeinnützigen GmbH, nicht gegenüber der Einzelunternehmung: Für Musiklehrkräfte und Musikschulen besteht die Möglichkeit, sich von der Umsatzsteuerpflicht befreien zu lassen.[2]
Ein weiterer Punkt, der für die gGmbH spricht, ist die Übungsleiterpauschale. Lehrkräfte können damit unter bestimmten Voraussetzungen hinsichtlich ihrer Einnahmen aus der Lehrtätigkeit einen steuerlichen Freibetrag von 3 000 Euro je Kalenderjahr geltend machen (§ 3 Nr. 26 Einkommensteuergesetz).[3]

Spenden und Zuwendungen

Darüber hinaus darf die gGmbH Spendenquittungen für Spenden ausstellen. Ob dies ein Vorteil gegenüber der als Einzelunternehmung betriebenen Musikschule ist, hängt stark vom Geschick der Geschäftsführerin ab, Spenden akquirieren zu können: Es ist sicher vom Einzelfall abhängig, ob sich der Zuhörer eines Musikschulkonzerts im Anschluss davon überzeugen lässt, eine „Eintrittsspende" zu geben, weil er hierfür eine Spendenquittung erhält.
Nicht vergessen werden sollte in diesem Zusammenhang, dass Musikschulkonzerte in der Regel als öffentliche Veranstaltungen zu werten sind, für die GEMA-Gebühren zu zahlen sind. Auch Spenden gelten als Eintrittsgeld und erhöhen somit unter Umständen die zu zahlenden GEMA-Gebühren.
Hinsichtlich Spenden von anderen Unternehmen zur Finanzierung von Projekten der Musikschule stehen die Chancen hingegen erfahrungsgemäß besser, Unterstützung zu er-

Tipp

Zuwendungen aus der Bußgeldliste

Eine gute Möglichkeit, Zuwendungen zu erhalten, bietet die Eintragung in eine Bußgeldliste. Gerichte und Staatsanwaltschaften sind verpflichtet, Bußgelder entweder der Staatskasse oder aber gemeinnützigen Organisationen und Einrichtungen zuzuweisen. Für die Zuweisungen an Letztere werden entsprechende Listen bei den Oberlandesgerichten geführt, in die man sich auf Antrag[4] eintragen lassen kann. Unter bestimmten Voraussetzungen erhält man dann Zuweisungen und kann diese für die gGmbH nutzen.

halten. Denn hier kann ein spendendes Unternehmen unter Umständen seine eigene Außenwahrnehmung verbessern, wenn es als Spender einer gemeinnützigen Institution wahrgenommen wird. Hierin kann eine echte Chance für die gGmbH liegen.

Nachteile einer gGmbH

Für viele GründerInnen einer (g)GmbH ist die größte Hürde das zwingend notwendige Stammkapital. Dieses beträgt in Deutschland mindestens 25 000 Euro, wovon für die Eintragung ins Handelsregister zunächst 12 500 Euro vorgewiesen werden müssen. Die GesellschafterInnen haften bis zur Aufstockung des Stammkapitals auf 25 000 Euro persönlich (bei mehreren GesellschafterInnen gesamtschuldnerisch) für den Differenzbetrag. Die Einlagen können als Geldeinlage (sog. Bareinlagen) erfolgen, es sind aber auch Sacheinlagen möglich. In diesem Fall wird die Einlage durch werthaltige Sachen – z. B. Instrumente oder Immobilien – oder durch Rechte – z. B. Markenrechte – erfüllt. Die Sacheinlagen müssen dann bewertet werden. Bar- und Sacheinlagen lassen sich auch kombinieren. Die Bewertung der Sacheinlagen ist oft ein aufwändiger Prozess, der entsprechenden steuerrechtlichen Beratungsbedarf und entsprechende Kosten verursacht.

Einwurf

gUG haftungsbeschränkt

Wer nicht in der Lage ist, 12 500 Euro als Stammeinlage aufzubringen, der kann als Alternative zur GmbH eine gemeinnützige Unternehmergesellschaft haftungsbeschränkt (gUG haftungsbeschränkt) gründen. Dies ist bereits mit einem Stammkapital von einem Euro möglich. Es bestehen dann allerdings Rücklagepflichten: Jährlich müssen mindestens 25 Prozent des Jahresüberschusses in eine Rücklage eingestellt werden, bis der reguläre Stammkapitalbetrag erreicht ist. Anschließend kann die Umwandlung in eine gGmbH beschlossen werden. Der Nachteil liegt auf der Hand: 25 Prozent des Jahresüberschusses stehen bis zur Umwandlung in eine gGmbH nicht zur Verfügung und können daher weder dem satzungsmäßigen Zweck noch der Betreiberin einer gGmbH in Form eines Geschäftsführergehalts zufließen.

Ein weiterer Nachteil der gGmbH besteht darin, dass eine steuerrechtliche Beratung in der Regel unumgänglich wird; denn die gGmbH muss ihren Gewinn durch Bilanzierung ermitteln. Hierzu ist der als Musiker ausgebildete Musikschulgeschäftsführer häufig ohne Unterstützung nicht in der Lage. Deshalb entstehen für die Gewinnermittlung und die Buchhaltung Kosten für externe Dienstleister oder angestellte Kräfte.
Da häufig auch komplexere Rechtsfragen bei der Gründung und im Betrieb einer gGmbH entstehen, steigt darüber hinaus der Bedarf an Rechtsberatung mit den entsprechenden Kosten.
Einer gGmbH dürfen darüber hinaus keine Gewinne entnommen werden. Nach den Vorschriften zur Gemeinnützigkeit dürfen solche noch nicht einmal erzielt werden. Vielmehr müssen die Einnahmen der gGmbH zeitnah dem satzungsmäßigen Zweck zufließen, also hierfür verbraucht werden. Das kann für den Gesellschafter einer Ein-Personen-gGmbH-Musikschule frustrierend sein. Sofern er gleichzeitig Geschäftsführer ist, darf er sich zwar das vertraglich vereinbarte und branchenübliche Gehalt für seine Tätigkeit als Geschäftsführer der gGmbH auszahlen[5] (hierfür muss zuvor ein entsprechender Geschäftsführervertrag mit der gGmbH abgeschlossen werden). Ausschüttungen an ihn als Gesellschafter sind jedoch nicht möglich. Sofern das Geschäftsführergehalt zu hoch angesetzt wird, könnte dies sogar als verdeckte Ausschüttung gewertet werden, die – sofern dies den Tatbestand der Untreue erfüllt – als strafbar zu bewerten wäre.
In bestimmten Fällen ist auf das Gehalt des Geschäftsführers auch noch die Künstlersozialabgabe in Höhe von ca. fünf Prozent zu entrichten.[6] Sofern der geschäftsführende Gesellschafter für die Musikschule auch nur teilweise selbstständig-künstlerisch tätig ist, prüft die Künstlersozialkasse, ob er als selbstständiger Künstler einzustufen ist. Dies ist der Fall, wenn der künstlerische Anteil der Tätigkeit überwiegt. Die Künstlersozialkasse rechnet zum künstlerischen Anteil alle Tätigkeiten hinzu, die im Rahmen der üblichen Erbringung der künstlerischen Leistungen anfallen. Dazu können beim Geschäftsführer einer Ein-Personen-Musikschul-gGmbH z. B. gehören: Schülerakquisition, Strategie- und Konzeptentwicklung, Unterricht sowie dessen Vor- und Nachbereitung.
Die Gründung einer (g)GmbH oder (g)UG wird in nahezu allen Fällen eine rechtliche und steuerliche Beratung erfordern. In vielen Fällen wird diese auch im laufenden Betrieb notwendig sein. Die Kosten dieser Beratung müssen bei der Wahl der Rechtsform berücksichtigt werden.

Zusammenfassung

Eine gGmbH kann für alle interessant sein,
- denen eine Haftungsbeschränkung wichtig ist,
- die anstreben, mit Schulen und/oder Kindergärten zu kooperieren,
- die Spenden und Bußgeldzuweisungen erhalten möchten,
- die Förderungen für gemeinnützig organisierte Musikschulen abrufen möchten,
- die von der Außenwirkung einer gemeinnützigen Musikschule profitieren möchten.

In Kauf genommen werden muss, dass das Stammkapital zu beschaffen ist bzw. dass wegen der Rücklagepflicht zunächst nicht der volle Gewinn der Gesellschaft zur Verfügung steht. Zudem sind haftungsbeschränkte Gesellschaften juristisch und steuerrechtlich recht kompliziert und deshalb kostenintensiver hinsichtlich des entstehenden Beratungsaufwands.

GEMEINNÜTZIGER EINGETRAGENER VEREIN

Eine Musikschule kann auch als Zweckbetrieb eines (gemeinnützigen) Vereins gegründet und betrieben werden. Die gesetzlichen Bestimmungen zum Verein finden sich in den Paragrafen 21 bis 79 BGB. Sofern der Verein als gemeinnützig anerkannt werden soll, muss er dieselben Voraussetzungen erfüllen, wie oben für die gGmbH beschrieben.
Der eingetragene Verein (e. V.) ist eine juristische Person und damit Träger von Rechten und Pflichten. Er kann Verträge abschließen, klagen und verklagt werden. Zudem kann der Verein eigenes Vermögen erwerben. Eine wirtschaftliche Betätigung darf jedoch nicht Hauptzweck des Vereins sein.
Für gemeinnützige Vereine gelten besondere Steuerregeln und Steuererleichterungen hinsichtlich der Körperschafts- und Gewerbesteuer. Für die Umsätze des Zweckbetriebs, also der Musikschule, kann hinsichtlich der Umsatzsteuer eine generelle Befreiung von der Umsatzsteuer für Musikschulen beantragt werden.[7]

© Studio Romantic_www.stock.adobe.com

Die Zuständigkeit für alle Vereinsangelegenheiten liegt bei der Mitgliederversammlung

Satzung

Ein Verein benötigt eine Satzung, in der die wichtigsten Regelungen für das Zusammenwirken im Verein festgelegt werden. Eine solche Satzung muss bestimmte Inhalte haben und bei der Gründungsversammlung von mindestens sieben Gründungsmitgliedern unterzeichnet werden, damit sie eingetragen werden kann (§ 56 BGB). Außerdem muss gemäß der Satzung ein Gründungsprotokoll erstellt werden. Die Anmeldung hierfür muss in den meisten Bundesländern durch einen Notar beglaubigt werden.

Die Gründungskosten eines gemeinnützigen Vereins liegen in der Regel bei ca. 150 Euro für die Eintragung. Sofern die Satzung durch einen Rechtsanwalt geprüft oder entworfen werden soll, sind hierfür einige Hundert Euro zusätzlich zu veranschlagen.

Tipp

Mustersatzung verwenden

Eine gute Orientierung zur Formulierung einer Satzungs bieten sogenannte Mustersatzungen.[8] Falls Sie in solchen Satzungen Ergänzungen oder Änderungen vornehmen möchten, ist allerdings eine juristische Beratung empfehlenswert.

Neben der Satzung können Vereinsordnungen (z. B. Beitragsordnung, Geschäftsordnung des Vorstands etc.) erstellt und beschlossen werden, die Detailregelungen zu bestimmten Themen umfassen.

Die Satzung soll regeln, wie die Aufnahme der Mitglieder in den Verein erfolgt (§ 58 Nr. 1 BGB). Aus der Gemeinnützigkeit eines Vereins ergibt sich kein Aufnahmezwang für jedes Mitglied. Als Grundsatz gilt, dass die primäre Zuständigkeit für alle Vereinsangelegenheiten bei der Mitgliederversammlung liegt. Jedes Vereinsmitglied hat in der Regel eine Stimme und Beschlüsse werden, soweit die Satzung nichts anderes vorsieht, mit einfacher Mehrheit der abgegebenen Stimmen getroffen (§ 32 Abs. 1 BGB).

Haftung

Für die Vereinsschulden haftet grundsätzlich nur das Vereinsvermögen. Der Vorstand ist weitestgehend vor Haftungsrisiken geschützt, sofern er unentgeltlich oder lediglich für eine Jahresvergütung von max. 840 Euro tätig ist (§§ 31 ff. BGB). Paragraf 31 a BGB begrenzt die Haftung der Vorstandsmitglieder gegenüber dem Verein und seinen Mitgliedern auf eine vorsätzliche oder grob fahrlässige Pflichtverletzung in Ausübung ihrer ehrenamtlichen Tätigkeit. Die Haftung gegenüber Dritten für Pflichtverletzungen in Ausübung der ehrenamtlichen Tätigkeit wird gesetzlich ebenfalls auf Vorsatz und grobe Fahrlässigkeit beschränkt.

Eine Haftung des Vorstands kann beispielsweise entstehen, wenn er nicht dafür sorgt, dass
- Steuererklärungen des Vereins rechtzeitig abgegeben werden,
- ausreichende Rücklagen gebildet werden, um Steuerschulden zu begleichen,
- Sozialversicherungsbeiträge nicht oder nicht rechtzeitig gezahlt werden,
- zweckgebundene Fördergelder zweckentsprechend verwendet werden,
- Verkehrssicherungspflichten eingehalten werden,
- Spendenbescheinigungen richtig ausgestellt werden,
- bei Überschuldung oder Zahlungsunfähigkeit des Vereins rechtzeitig Insolvenzantrag gestellt wird und dadurch dem Gläubiger des Vereins ein Schaden entsteht,
- hauptamtlich Angestellte in ihrer Tätigkeit nicht ausreichend überwacht und angewiesen wurden, wenn an sie Vorstandsaufgaben delegiert wurden.

Der Verein bietet demnach zwar einige Haftungsbeschränkungen für Vorstandsmitglieder, völlig frei von Risiken ist das Vorstandsamt aber nicht.

Vorstand

Jeder Verein muss einen Vorstand haben (§ 26 Abs. 1 Satz 1 BGB). Dieser wird von der Mitgliederversammlung gewählt (§ 27 Abs. 1 BGB). Wer also eine Musikschule in Form eines Zweckbetriebs für einen gemeinnützigen Verein gründet, muss sich darüber im Klaren sein, dass er als Vorstand gewählt werden muss und auch abgewählt werden kann. Das Ergebnis jahrelangen Engagements kann auf diese Weise ungewollt in die Lenkungsmacht anderer Vereinsmitglieder geraten.
Der Vorstand leitet den Verein und vertritt ihn nach außen (§ 26 Abs. 1 Satz 2 BGB). Da die primäre Zuständigkeit aller Vereinsangelegenheiten bei der Mitgliederversammlung liegt, sollte in der Satzung geregelt werden, welche dieser Zuständigkeiten dem Vorstand übertragen werden. So können in bestimmten Fällen langwierige Entscheidungsprozesse der Mitgliederversammlung abgekürzt werden.

Vorteile eines eingetragenen Vereins

- Der eingetragene Verein kann als gemeinnützig anerkannt werden und genießt somit in dieser Hinsicht ähnliche Vorzüge wie die gGmbH oder gUG.
- Der Vorstand ist vor den Risiken einer vertraglichen Haftung weitestgehend geschützt.
- Die Mitglieder haften für den Verein nicht mit ihrem Privatvermögen.
- Die Gründungskosten eines Vereins sind relativ niedrig.
- Für Spenden können Spendenbescheinigungen ausgestellt werden.
- Lehrkräfte können unter Umständen von den Vorteilen der Übungsleiterpauschale profitieren.
- Der eingetragene Verein besteht auch fort, wenn Mitglieder ihre Mitgliedschaft beenden oder neue Mitglieder eintreten und ist somit auf einen wechselnden Mitgliederbestand ausgelegt.

Nachteile eines eingetragenen Vereins

- Der eigetragene (gemeinnützige) Verein darf sich nur nachrangig wirtschaftlich betätigen.
- Zur Gründung werden mindestens sieben Mitglieder benötigt.
- Der Vorstand wird von den Mitgliedern gewählt. Dadurch kann ein in vielen Jahren aufgebauter Verein auf der Mitgliederversammlung von anderen Vereinsmitgliedern „übernommen" werden.
- Willensbildungsprozesse können durch die oft große Zahl der Beteiligten zäh verlaufen.

Vier Kriterien für die Wahl der Rechtsform

Jede der vorgestellten Rechtsformen für das Betreiben einer Musikschule hat Vor- und Nachteile. Die folgenden vier Kriterien helfen Ihnen bei Ihrer Entscheidung:

Kriterium 1
Welche Rechtsform gewählt werden sollte, hängt zunächst davon ab, ob eine Einzelperson oder eine Personengruppe eine Musikschule betreiben möchte. Für Einzelpersonen gibt es die Einzelunternehmung, die Ein-Personen-GmbH (gemeinnützig oder nicht) und die gemeinnützige Unternehmergesellschaft haftungsbeschränkt (gUG). Der Verein und die GbR fallen für Einzelpersonen weg.

Kriterium 2
Ein weiteres Kriterium für die Entscheidung ist die Haftungsbeschränkung. Ist eine solche gewünscht, entfallen die Einzelunternehmung und die GbR. Ein Verein bietet nur teilweise eine Haftungsbeschränkung.

Kriterium 3
Soll die Unternehmung gemeinnützig sein, kommen nur die gGmbH, die gUG und der gemeinnützige eingetragene Verein in Betracht.

Kriterium 4
Sofern die Musikschule mit denselben Personen dauerhaft betrieben werden soll, ist der Verein als Rechtsform nur bedingt geeignet.

Die Orientierung an diesen vier Kriterien ermöglicht eine erste Ausrichtung für eine weitere Beratung.

UND NUN?

Viele verschiedene Rechtsformen sind möglich, um eine Musikschule zu betreiben. Alle haben Vor- und Nachteile. Die Entscheidung für eine Rechtsform richtet sich nach Ihrer persönlichen Situation. Vier Kriterien (siehe Kasten) sollen Ihnen bei der Entscheidung helfen.

1 In Bayern müssen weitere Voraussetzungen beachtet werden: www.stmwk.bayern.de/kunst-und-kultur/theater-und-musik/ausbildung/sing-und-musikschulen.html (Stand: 11.12.2024).
2 siehe Intermezzo zum Thema Umsatzsteuerbefreiung auf Seite 11.
3 für weitere Informationen: www.finanzamt.bayern.de/Informationen/Steuerinfos/Weitere_Themen/Ehrenamt/2014 11 21 steuerfreie einnahmen aus ehrenamt.pdf (Stand: 11.12.2024).
4 siehe für weitere Informationen z. B. www.justiz.nrw/BS/formulare/gemeinnuetzige/index.php (Stand: 11.12.2024).
5 Als Maßstab kann meiner Auffassung nach das Gehalt eines Musikschulleiters gemäß der Bemessung des TVöD dienen.
6 Informationen zur Künstlersozialabgabe auf der Seite der Künstlersozialkasse: www.kuenstlersozialkasse.de/unternehmen-und-verwerter (Stand: 11.12.2024).
7 siehe Intermezzo zum Thema Umsatzsteuerbefreiung auf Seite 37.
8 www.justiz.nrw.de/BS/lebenslagen/verein_ehrenamt/Vereinssatzung/index.php (Stand: 18.12.2024).

Intermezzo: Umsatzsteuerbefreiung

Wer unterliegt der Umsatzsteuerpflicht?

Nachdem Sie die geeignete Rechtsform für Ihre Musikschule gewählt haben, stehen steuerrechtliche und sozialrechtliche Themen im Raum. Neben der Anmeldung der Tätigkeit beim Finanzamt und der Klärung der Notwendigkeit einer Mitgliedschaft in der Künstlersozialkasse stellt sich die Frage, ob für die Unterrichtsentgelte Umsatzsteuer berechnet werden muss oder ob es Befreiungsmöglichkeiten gibt.

Der Umsatzsteuerpflicht unterliegen alle Umsätze gegen Entgelt aus Lieferungen und Leistungen aus jeder freiberuflichen oder gewerblichen Betätigung, wenn sie im Inland erfolgt (§ 1 Abs. 1 Umsatzsteuergesetz UStG). Dies bedeutet, dass grundsätzlich auch auf alle Unterrichtsentgelte Umsatzsteuer aufzuschlagen ist.

Allerdings wissen viele selbstständig tätige Musikerinnen und Musiker, dass man sich von der Umsatzsteuer befreien lassen kann – gemäß den Regeln des sog. Kleinunternehmerprivilegs (§ 19 UstG): Wer bestimmte Umsatzgrenzen nicht überschreitet, muss auf seine Umsätze keine Umsatzsteuer aufschlagen. Im Gegenzug entfällt dann aber auch der Vorteil einer umsatzsteuerrechtlichen Regelbesteuerung, nämlich die Möglichkeit, aus fremden Rechnungen Umsatzsteuer erstattet zu bekommen (sog. Vorsteuerabzug). Zudem kommt es vor, dass Selbstständige unnötig die Expansion ihres Unternehmens verhindern, um von der administrativen Erleichterung des Kleinunternehmerprivilegs weiterhin profitieren zu können.

Wer freiberuflich Musikunterricht erteilt, kann sich aber auch für diese Tätigkeit unter bestimmten Voraussetzungen von der Umsatzsteuerpflicht befreien lassen. Liegt eine solche Befreiung vor, so gilt diese unabhängig von der Höhe der Umsätze, die mit der Unterrichtstätigkeit erzielt werden. Und: Sofern der Musiker oder die Musikerin neben dieser besonderen Art der Umsatzsteuerbefreiung mit einer anderen Tätigkeit im umsatzsteuerrechtlichen Sinne Kleinunternehmer gemäß § 19 Abs. 1 UStG ist, wirken die Umsätze aus der Unterrichtstätigkeit sich nicht auf die Umsatzgrenzen aus (§ 19 Abs. 3 Nr. 1 UStG). Allerdings besteht auch bei dieser Befreiung keine Möglichkeit, Vorsteuer aus fremden Rechnungen erstattet zu bekommen (§ 15 Abs. 2 Satz 1 Nr. 1 UStG).

Wann kann man sich von der Umsatzsteuer befreien lassen?

Die Voraussetzung für eine Befreiung ist – nach § 4 Nr. 21 a) bb) –, dass der erteilte Unterricht der „Ausbildung, Fortbildung oder beruflichen Umschulung" dient.

Eine Musikschule oder ein freiberuflich Unterrichtender kann sich bescheinigen lassen, dass der erteilte Unterricht diese Voraussetzungen erfüllt. Maßgeblich ist, ob der Unterricht der Ausbildung oder der reinen Freizeitgestaltung dient.

Die Prüfung der Umsatzsteuerbefreiung erfolgt bei den zuständigen Landesbehörden (z. B. der Bezirksregierung).

- Die Lehrkraft muss den Unterricht in eigener Person, für eigene Rechnung und in eigener Verantwortung erbringen; sie gestaltet und organisiert die Unterrichtseinheiten selbst und richtet diese individuell auf die Bedürfnisse der Lernenden aus.

- Bei Unterricht, der von selbstständigen Lehrpersonen an Bildungseinrichtungen erbracht wird, ist eine Bestätigung für jedes Kalenderjahr separat zu erteilen. Aus der Bescheinigung für eine Musikschule muss hervorgehen, dass die Einrichtung tatsächlich eine Ausbildung oder Fortbildung erbringt. Bei Musikschulen trifft dies insbesondere zu, wenn sie beispielsweise den Zugang zu einer (Fach-)Hochschule ermöglichen. Musikunterricht für Kinder unter drei Jahren kann nach § 4 Nr. 23 Satz 1 lit. a) umsatzsteuerfrei sein.

Die Regelungen sind zum 1. Januar 2025 an europarechtliche Vorgaben angepasst worden. Eine vor diesem Datum ausgestellte Bescheinigung bleibt bis zum Ablauf eines festgelegten Gültigkeitszeitraums oder bis zu einem etwaigen Widerruf als Nachweis gültig. Die Bescheinigung muss dem Finanzamt vorgelegt werden, da sie als Grundlagenbescheid wirkt.

Augen auf

Was Sie in Bezug auf Ihre Aufsichtspflicht beachten sollten

Aufsichtspflicht im Unterricht ist für viele Musikschulen und Lehrkräfte ein diffuses Thema. Hier ist vieles unklar und teilweise herrscht große Sorge, etwas falsch zu machen oder gar für Fehler haften zu müssen. Welche Pflichten bestehen genau und in welchen Fällen haftet wer für was?

„Aufsichtspflicht" ist die Verpflichtung, Kinder vor einer Selbstschädigung oder einer Schädigung durch Dritte zu bewahren. Die beaufsichtigende Person muss darüber hinaus sicherstellen, dass die Beaufsichtigten ihrerseits Dritte nicht schädigen. Die aufsichtspflichtige Person hat die Aufsichtsbedürftigen zu beobachten und zu überwachen, zu belehren und aufzuklären, falls erforderlich bezüglich ihres Verhaltens zu leiten und zu beeinflussen.[1]

Im Normalfall sind die Eltern zur Aufsicht ihrer Kinder berechtigt und verpflichtet (§ 1631 Abs. 1 BGB). Andere Personen können die Aufsichtspflicht aber, z. B. durch Vertrag, übernehmen (§ 832 Abs. 2 BGB). Bei einem Unterrichtsvertrag geschieht die Übernahme der Aufsichtspflicht oftmals nicht durch eine ausdrückliche Vereinbarung, sondern sie ergibt sich aus den Umständen, wenn das Kind ohne Eltern oder eine andere Aufsichtsperson zum Unterricht erscheint und die Lehrkraft bzw. Musikschule dies zumindest billigt. Die Übernahme der Aufsichtspflicht ist in solchen Fällen oft gegeben, denn die Anforderungen an das Zustandekommen einer vertraglichen Aufsichtsübernahme sind niedrig anzusetzen. Eine vertragliche Übernahme ist meist schon anzunehmen, wenn Kinder für längere Zeit und mit weitreichender Einwirkungsmöglichkeit in fremde Obhut gegeben werden.[2] Dies ist bei Musikunterricht in der Regel gegeben. Da die Aufsichtspflicht normalerweise nicht vom Träger bzw. vom Inhaber der Musikschule selbst ausgeübt werden kann, wird sie an die Lehrkräfte delegiert, die dann sogenannte Erfüllungsgehilfen sind (§ 278 BGB).

WANN BESTEHT AUFSICHTSPFLICHT?

Gelegentlich stellen Anbieter in ihren Unterrichtsverträgen ausdrücklich fest, dass sich die Aufsichtspflicht auf die Zeit des Unterrichts beschränkt und für den Weg zur Musikschule bzw. zum Unterrichtsraum und wieder zurück die Aufsichtspflicht wieder bei den Eltern liegt. Wann aber beginnt bzw. endet der Unterricht, wann geht die Aufsichtspflicht also auf die Lehrkraft über und wann gibt sie diese Pflicht wieder ab?

Eltern sind beim Unterricht anwesend

Erscheint ein Elternteil zusammen mit dem Kind zum Unterricht und bleibt während des Unterrichts anwesend, kann in den meisten Fällen davon ausgegangen werden, dass die Aufsichtspflicht gar nicht auf die Lehrkraft übergeht. Hier besteht also weiterhin eine Aufsichtspflicht seitens der Eltern. Sinngemäß gilt dies auch dann, wenn beispielsweise musikalische Früherziehung in einer Kindertagesstätte oder Schule stattfindet und während des Unterrichts Erzieherinnen bzw. Lehrkräfte der Schule anwesend sind.

Eltern sind beim Unterricht nicht anwesend

Bringen Eltern hingegen ihre Kinder zum Unterricht und holen diese danach wieder ab, stellt sich die Frage, ab wann die Aufsichtspflicht eintritt und bis zu welchem Zeitpunkt die Aufsichtspflicht einer Lehrkraft bestehen bleibt.

Tipp

Alleine nach Hause? Schriftliche Einwilligung!

Soll ein Kind den Weg nach Hause alleine antreten, sollte am besten eine schriftliche Einwilligung von den Erziehungsberechtigten eingeholt und außerdem geklärt werden, wann die Aufsichtspflicht der Musikschule endet. Diese entfällt für die Musikschule spätestens, sobald ein Kind das Gebäude nach dem Unterricht verlässt. Es kann allerdings auch vereinbart werden, dass die Aufsichtspflicht mit dem Verlassen des Unterrichtsraums nach Beendigung des Unterrichts endet. Beide Fälle sollten im Unterrichtsvertrag geklärt werden.

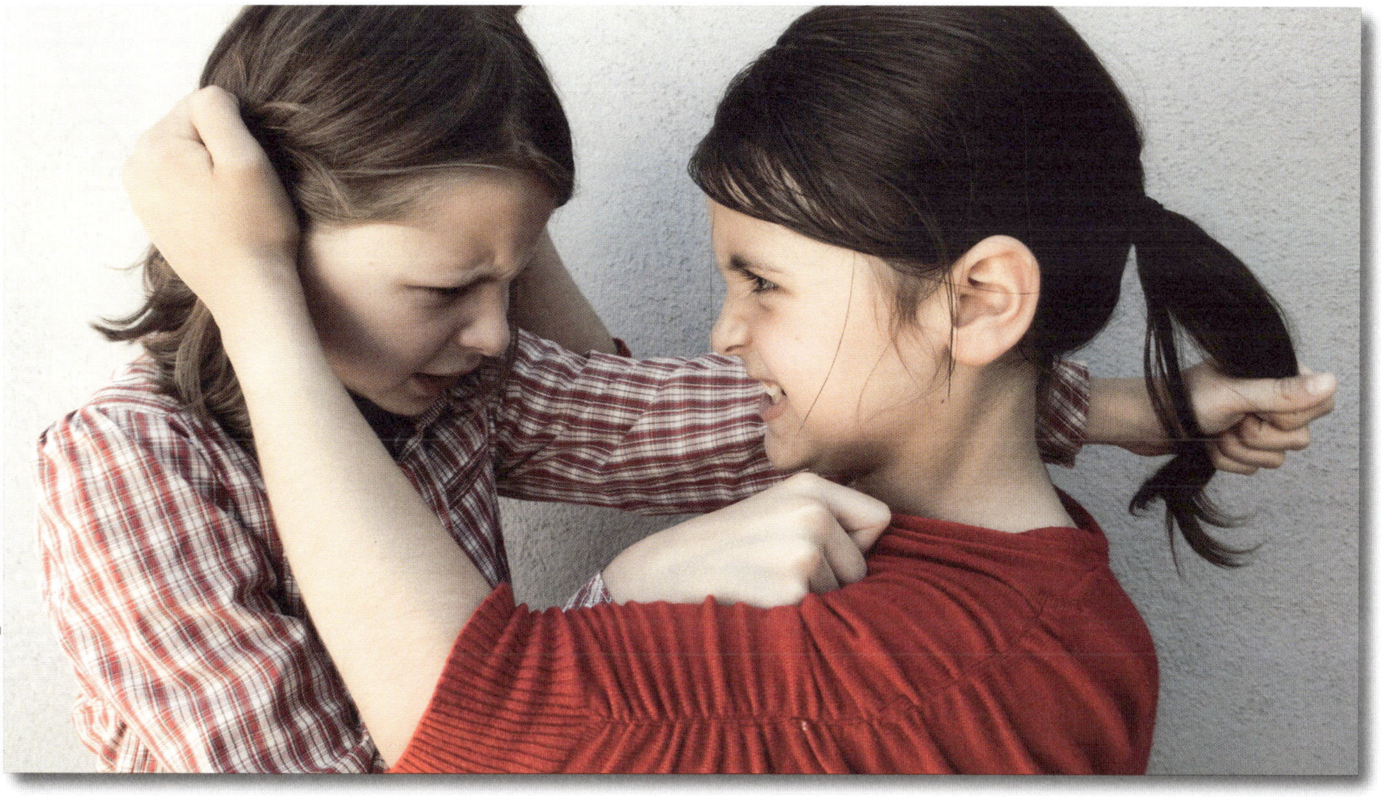

© Studio Grand Web_www.stock.adobe.com

Generell kann eine Aufsichtspflicht der Lehrkraft erst dann beginnen, wenn das Kind an die Lehrkraft übergeben wurde oder selbst bei der Lehrkraft erscheint. Kommen sehr junge Kinder (z. B. Vorschulkinder) alleine zum Unterricht, kann es erforderlich sein, dass die Lehrkraft (oder anderes Musikschulpersonal) diese in Empfang nehmen und zum Unterrichtsraum begleiten. Ist der Unterricht beendet, müssen Kinder wieder ordnungsgemäß aus dem Aufsichtsbereich der Musikschule in den der Sorgeberechtigten übergeben bzw. entlassen werden.

Besteht die Absprache, dass ein Kind nach dem Unterricht abgeholt wird, endet die Aufsichtspflicht der Lehrkraft in dem Moment, in dem die Abholperson selbst die Aufsichtspflicht übernehmen kann. Es ist in aller Regel davon auszugehen, dass die Übergabe nur an eine autorisierte Person erfolgen kann und darf. Der Lehrkraft müssen daher (am besten schriftlich) entsprechende Autorisierungen vorliegen.

Für Veranstaltungen der Musikschule, bei denen die Aufsichtspflicht nicht durch die Erziehungsberechtigten wahrgenommen wird, gelten prinzipiell dieselben Grundsätze für die Übernahme der Aufsichtspflicht wie für den Unterricht.

Einwurf

Aufsichtssituation eindeutig klären

Wenn ein Kind vom Unterricht trotz Absprache nicht rechtzeitig abgeholt wird, ist die Lehrkraft hierdurch nicht ohne Weiteres von ihrer Aufsichtspflicht befreit. Vielmehr muss sie warten bzw. Kontakt mit den Erziehungsberechtigten aufnehmen, um die Situation zu klären.

IN WELCHEM UMFANG BESTEHT AUFSICHTSPFLICHT?

Welche Pflichten treffen die Lehrkraft genau und welchen Umfang haben diese Pflichten? Das ist von Kind zu Kind und von Situation zu Situation unterschiedlich. Faktoren können beispielsweise körperliche und geistige Fähigkeiten sein und auch, inwieweit Absprachen und Regeln eingehalten werden können.[3] Hier ist älteren Kindern und Jugendlichen grundsätzlich mehr zuzutrauen als jüngeren. Allerdings ist jedes Kind individuell zu betrachten und auch die jeweilige Tagesform zu beachten.

Je weniger Eigenverantwortung einem Kind bzw. Jugendlichen zuzutrauen ist, desto engmaschiger muss die Beaufsichtigung grundsätzlich erfolgen.

Verhaltensauffällige Kinder müssen aufmerksamer beaufsichtigt werden.[4] Auch kann der Zugang zu gefährlichen Gegenständen dazu führen, dass die Beaufsichtigung der Kinder intensiver erfolgen muss. Dies gilt insbesondere für jüngere Kinder, die ein mögliches Gefahrenpotenzial noch nicht einschätzen können. Im Musikunterricht können Gefahrenpotenziale z. B. bei der Verwendung elektrischer Instrumente oder auch durch Bühnentechnik bei Proben und Auftritten entstehen. Jedes Kind sollte dann beobachtet und angeleitet werden. Nur so kann sichergestellt werden, dass die Gefahrenpotenziale vom Kind verstanden wurden und das Risiko eines Schadens sinkt.

Die Aufsichtspflicht der Lehrkraft hat auch Grenzen. Selbstverständlich entstehen bei der Beobachtung von Kindern und der Möglichkeit zur Einflussnahme auch Lücken. Eine vollständige Überwachung des Kindes ist keiner Lehrkraft zuzumuten[5] und in den meisten Fällen bei Musikschülerinnen und -schülern auch nicht notwendig.

WANN IST GRÖSSERE VORSICHT GEBOTEN?

Während des Einzelunterrichts sind die Risiken eines Schadens, der aus einer Aufsichtspflichtverletzung resultiert, eher gering, solange sich die Lehrkraft im Unterrichtsraum befindet. Anders ist dies, wenn die Lehrkraft

für längere Zeit den Unterrichtsraum verlässt (z. B. um zur Toilette zu gehen) und eine Schülerin oder ein Schüler vorübergehend allein im Raum zurückbleibt.
Im Gruppenunterricht können zwischen Schülerinnen und Schülern Dynamiken entstehen, die zu einer Erhöhung des Risikos führen. Deshalb ist hier davon auszugehen, dass die Lehrkraft den Unterrichtsraum in aller Regel auch nicht kurzzeitig verlassen darf, um ihre Aufsichtspflicht ordnungsgemäß zu erfüllen. Gelegentlich kommt es auch vor, dass Kinder andere UnterrichtsteilnehmerInnen körperlich angehen. Daher kann eine engere Beaufsichtigung solcher MusikschülerInnen notwendig werden, um Schaden von anderen abzuwenden.
Je nach Gruppengröße kann es erforderlich sein, für eine sichere Beaufsichtigung mehrere Lehrkräfte vorzusehen oder besonders große Gruppen zu teilen. Nur so kann eine angemessene Beaufsichtigung aller Gruppenmitglieder gewährleistet und das Risiko der Schädigung anderer Gruppenmitglieder reduziert werden. Neben den bisher genannten Aspekten, die eine intensivere Beaufsichtigung nötig machen können, kommen viele weitere Faktoren in Betracht, z. B. besondere räumliche und örtliche Gesichtspunkte, etwa wenn in einem Raum in einem Obergeschoss unterrichtet wird, dessen Fenster ungesichert sind.

AUFSICHTSPFLICHT-VERLETZUNG

Wenn im Rahmen des Unterrichts in einer Musikschule oder im Privatunterricht ein Schüler oder eine Schülerin zu Schaden kommt, ist zuallererst zu beurteilen, ob die Lehrkraft oder die Musikschule die Aufsichtspflicht überhaupt verletzt hat. Sollte dies der Fall sein, muss in einem weiteren Schritt festgestellt werden, ob der entstandene Schaden auf der Verletzung der Aufsichtspflicht beruht. Es muss für eine Haftung ausgeschlossen sein, dass „der Schaden auch bei gehöriger Aufsichtsführung entstanden sein würde“ (§ 832 Abs. 1 Satz 2 BGB).
Die Hauptsorge im Zusammenhang mit diesem Thema ist wohl, dass eine Aufsichtspflichtverletzung der Lehrkraft zu Schäden bei den SchülerInnen führt. Ebenso gut kann die nicht ausreichende Beaufsichtigung aber auch zu Schäden bei anderen Schülerinnen und Schülern oder bei der Lehrkraft führen. Auch Sachschäden sind durch Aufsichtspflichtverletzungen denkbar.
Mögliche Konsequenzen sind auf zivilrechtlicher Ebene Schadenersatz- und Schmerzensgeldansprüche. Aber auch arbeitsrechtliche oder dienstvertragliche Folgen sind für Lehrkräfte möglich. Zudem kann sich die Lehrkraft durch die Verletzung der Aufsichtspflicht sogar strafbar gemacht haben.

ZIVILRECHTLICHE FOLGEN

Nach zivilrechtlichen Regelungen besteht eine Schadenersatzpflicht nach den Vorschriften des Bürgerlichen Gesetzbuchs. Ansprüche kommen aus Vertrag (z. B. dem Unterrichtsvertrag in Verbindung mit § 832 Abs. 2 des BGB) und aus allgemeinen Haftungsregeln in Betracht (§§ 823ff. BGB).
Besonders erschwerend für Lehrkräfte ist, dass die Haftung verschuldensunabhängig entsteht, wenn ein Schaden im Rahmen ihrer Aufsichtsführung eintritt (§ 832 Abs. 1 Satz 2 BGB). Normalerweise muss immer derjenige, der ein Recht geltend machen möchte, die Beweise hierfür erbringen. Hier ist es hingegen so, dass die aufsichtspflichtige Lehrkraft darlegen und beweisen muss, dass sie ihre Aufsichtspflicht ausreichend ausgeübt hat. Sie muss also nachweisen, welche konkreten Maßnahmen sie zur pflichtgemäßen Ausübung der Aufsicht durchgeführt hat.
Gelingt ein solcher Beweis nicht, könnte die Lehrkraft stattdessen versuchen darzulegen und zu beweisen, dass der Schaden auch bei gehöriger Aufsichtsführung entstanden wäre, so wie es § 832 BGB zum Ausschluss der Ersatzpflicht verlangt. Kann auch dies nicht dargelegt und bewiesen werden, wird ein Verschulden der Lehrkraft vermutet. Ein Schüler muss dann lediglich nachweisen, dass ihm durch die Aufsichtspflichtverletzung ein Schaden entstanden ist.

WER KANN HAFTBAR GEMACHT WERDEN?

Bei Schädigungen, die angestellte Musikschullehrkräfte bei ihrer Arbeit einem Dritten zufügen (hier also eine eintretende körperliche Schädigung des Schülers oder der Schülerin durch die Verletzung der Aufsichtspflicht durch die Lehrkraft) sind sie gemeinsam mit dem Arbeitgeber dem Geschädigten gegenüber haftbar (§ 426 BGB). Die angestellte Lehrkraft kann jedoch von der Musikschule eine sogenannte Freistellung verlangen. Das bedeutet, dass die Musikschule für den Ausgleich des Schadens aufkommen muss, weil der Schadenseintritt betrieblich veranlasst war. Die Höhe der Freistellung richtet sich nach den Grundsätzen des sogenannten innerbetrieblichen Schadensausgleichs.

Einwurf

Honorarkräfte haften selbst

Musikschullehrkräfte, die als Honorarkräfte für Musikschulen tätig sind, können das oben beschriebene arbeitsrechtliche Privileg nicht in Anspruch nehmen. Sie haften selbst für den Schaden. Sowohl für Musikschulen als auch für Honorarkräfte gibt es aber Betriebshaftpflichtversicherungen, die Risiken durch Aufsichtspflichtverletzungen versichern.

ARBEITSRECHTLICHE FOLGEN

Verletzt eine Lehrkraft ihre Aufsichtspflicht, sind in der Regel auch ihre dienst- oder arbeitsvertraglichen Pflichten betroffen. Der Arbeitgeber kann die Lehrkraft dann belehren oder ermahnen, sie an einen anderen Arbeitsplatz umsetzen, formell abmahnen oder auch fristgerecht kündigen, sofern er das Arbeitsverhältnis nicht fortsetzen möchte. Ist eine besonders schwere Aufsichtspflichtverletzung vorausgegangen, kommt prinzipiell sogar eine außerordentliche (fristlose) Kündigung in Betracht. Dieselben Möglichkeiten gelten prinzipiell für Honorarkräfte an Musikschulen. ▮

1 vgl. Grüneberg/Sprau, BGB, 83. Auflage, § 832, Rz. 9.
2 vgl. schon BGH, VI ZR 79/74, S. 8.
3 vgl. BGH, VI ZR 79/74, S. 8.
4 vgl. BGH, VI ZR 91/96.
5 vgl. BGH, VI ZR 3/11, Rz. 18 (keine Überwachung „auf Schritt und Tritt“).